これからの
社会主義入門

環境の世紀における
批判的マルクス主義

田上 孝一

目次

第5章　レーニンからスターリンへ　…128

第Ⅰ章　今なぜ社会主義なのか

これからの社会はどうなるのか、そしてどうなるべきなのかについて、現在では思考の大前提が変わりつつあるように思われる。

今から五十余年前、１９６０年代後半から70年代前半にかけては、世界的に反体制運動が盛んだった。「反体制運動」には多義的な意味が含まれ、経済や政治の体制のみならず、既存の文化のあり方も批判の俎上に載せられた。いわゆる「カウンター・カルチャー」運動として、西洋中心主義的にして男性優越主義的な伝統に鋭く否が突き付けられた。その問題提起は今なお輝きを放っている。

1　社会主義は終焉したか？

とはいえ、こうした反体制運動の核心にあったのはやはり政治や経済の問題であり、特に社会の土台となる資本主義経済のあり方自体を根本的に否定する運動であったことが、この時期の社会運動の基本性格だろう。カウンター・カルチャーの動きも、既存の文化を資本主義的な「ブルジョア文化」と捉える見方と連動していた。そしてこのことは、この時期の社会運動の基調が反資本主義運動であることを意味し、資本主義を乗り越えた社会としての「社会主義」なり「共産主義」を希求していたのが、この時期に運動に携わっていた多くの人々の共通意識だったと言えるだろう。

そしてこの時期の運動の特徴として、そうした新社会が直接的な行動、特に先鋭的な少数者が領導する革命運動によって実現できると思っていた人々が、特に若い世代では少なくなかったことが挙げられる。それだから今日では「過激派」だなどと揶揄されるいわゆる「新左翼」党派が大きく伸長し、こうした党派が希望を抱いた多くの若者のエネルギーを吸収することができたのだった。

今日ではこれらの人々を「世間知らず」だと罵る人も、運動に加わっていた人々の中にも「若気の至り」のように反省の弁を述べるような場合も珍しくはないが、当時の世界情勢からすれば、こうしたラディカリズムが全く空想的で荒唐無稽とは言えないところもあった。

実際1956年に今や伝説となったプレジャーボート「グランマ号」にメキシコから乗り込んだキューバの革命戦士は100人に満たず、キューバ上陸後にバティスタ軍に殺されずに生き残ったのはたったの12人に過ぎなかったからである。キューバ革命は事実としてゲバラやカストロ兄弟らを含むこの僅かな生き残りによって成し遂げられたのだ。しかもゲバラやカストロは当時20代、30代の若者だったのである。ならば学生や若年労働者を主体とした少数の精鋭で、どこでも革命は実現できるのではないか。これが当時の雰囲気として共有されていたわけだ。

確かに実例があるのだから、若者が革命を夢想したのは無理もなかったともいえる。しかし革命前夜のキューバとこの時の日本や欧米が全く異なっていたのも事実である。国民の大多数が軍事独裁政権の抑圧に反発を覚えていたキューバと、高度成長に沸く日本が同列に並べられるはずもないのである。こちらの事実からすれば、キューバ型の革命及び、その前提となるレーニンまたは毛沢東主義的な暴力革命が60年代の先進資本主義諸国で実現するには、まさに革命の物質的前提条件を重視するマルクス主義的な観点からして、ありえなかったのである。

こうして世界的な革命運動の高揚は原理的な敗北によって過ぎ去っていき、まだ革命への熱望を捨てきれない少数の人々は過度の先鋭化により自滅していった。内ゲバ殺人や同志殺しの衝撃は、まだ幾分なりとも残っていた学生運動への世間一般のシンパシーを失わせるに余りあるものだった。

そして80年代に入りソ連ではゴルバチョフが登場し、彼により始められた刷新運動であるペレストロイカは社会主義の新たな可能性を垣間見せたかに思えたが、情報公開促進のグラスノスチと共に、タブーを取り去って緩められた手綱はソ連の騎手だったゴルバチョフ本人の予期しなかった奔流となり、あくまでソ連社会主義体制維持を前提した上での改善を求めていたゴルバチョフの意図を裏切り、ソ連社会そのものの崩壊という予期せぬ結果をもたらしてしまった。

私もそうだが、この当時のほとんど誰もが、その中には長年にわたって社会主義を研究しているような人も含まれるが、まさかこんなにも急速にあっけなくソ連自体が消滅してしまうとは思いもよらなかった。今となっては笑い話だが、ソ連崩壊の少し前に出版された未来予想本があって、今後どうなるのかというSF的予想が縦横に論じられていたが、その未来社会にはしかし、しっかりとソ連が存続していたのである。未来予測の専門家も、直後に起こるソ連自体の消滅は予想できなかったわけだ。

こうして予想外の世界史的大事件であるソ連崩壊は一般に、マルクス主義及び社会主義の死刑宣告だと受け取られた。

実際にはマルクス主義も社会主義も一様ではなく、反ソ連をアイデンティティにしていた潮流もあったわけだから、ソ連崩壊はそうした勢力には何らのダメージにならず、むしろ歓迎の声を挙げた向きもあったのである。

とはいえ、我が国などでは、本来は反ボリシュエビキで社会民主主義勢力であるはずの「社会党」内で、なぜか親ソ勢力が主流だったりしたことに象徴されるように、とりわけてソ連の影響が強い知的土壌があり、ソ連の崩壊は左翼勢力に決定的なダメージを与え、社会全体の雰囲気としても、マルクス及び社会主義は終焉したという雰囲気が広く蔓延した。

こうしてソ連崩壊からしばらくの間は、マルクスも社会主義も、研究者や活動家などの一部の好事家を除き、まさに過去の遺物のように扱われたのである。

2　社会主義の新たな復活

そうはいっても資本主義は所詮資本主義であり、あくなき利潤追求が深刻な社会問題をもたらす状況は変わりようもない。そのため、このままでは駄目だという雰囲気はあまねく漂い続けてきた。しかしその解決方向はソ連崩壊の生々しい記憶と共に、あくまで資本主義のままでの改良か、よくても建前上は社会主義的変革を掲げながらも実際は資本主義の枠内での改善に留めるというところで止まっていた。

社会変革への希求は根強いものの、社会主義的な変革は求めないというのが、ついこの前までの思考の大前提だったように思われる。ところが最近になって、この大前提がどうやら崩れつつあるような雰囲気が漂っている。求められているのは資本主義枠内の改良ではなく、資本主義そのものの変革ではないかと。

こうした知的雰囲気の変化には様々な原因があろうが、一番大きいのは単純な時間の経過だろう。今や21世紀に入って20年が過ぎ、ソ連崩壊は30年以上前の歴史的事件になった。若い世代にとっては同時代の生々しい記憶どころか、生まれてすらいないのである。この年月の経過は、社会主義の記憶と共に、社会主義に付きまとっていた負のイメージも一緒に風化させたのである。

これに対して、「社会主義」に勝利したはずの資本主義も無目的な利潤追求がもたらす貧困問題や環境破壊を解決できることなく、「このままでは駄目だ」という社会意識をなお一層拡大させている。そしてこれまでは、どんなに問題があっても我々が選択できる体制は唯一資本主義のみだという知的雰囲気が蔓延し、これが社会問題を考える際の揺るがぬ大前提となっていた。しかしまさにこの前提そのものが地殻変動を起こし、崩壊してきているというのが昨今の知的状況ではないかと思われる。

つまりソ連東欧という現実（に存在した）社会主義の崩壊という決定的事件によって一度はその命脈が経たれたと広く観念されてきた社会主義が、新たに復活してきたわけである。

社会主義復活を象徴する事実としてよく取り上げられるようになったのは、資本主義宗主国のアメリカの若い世代で、社会主義支持が急増しているという報告である。複数の大規模調査が、多くの人々が社会主義及び社会主義者の政治家に親和的であり、とりわけ青年層では過半数もしくは半数近くが資本主義よりも社会主義を支持しているという。今やすっかり大統領選の顔となったバーニー・サンダースや若手のスター政治家であるアレクサンドラ・オカシオ＝コルテスははっきりと社会主義者を自称してるし、支持者も彼らが社会主義者であるとことを認識した上で投票している。そして彼らを支持する「アメリカ民主社会主義者」は急速に党勢を拡大している。

そしてこの「民主社会主義」は、明確に旧来型のマルクス＝レーニン主義とは異なると宣言されている。実際これから求められる社会主義はどのようなものであっても、現実社会主義のイデオロギーだったような硬直した旧来型マルクス主義では有り得ない。

このようなアメリカに比べて、世界でもとりわけ社会主義支持率が低いという知的土壌のせいか、我が国は若い世代の間でもまだはっきりと資本主義を拒否し社会主義を支持する声は大きく広まっていない。だがソ連への偏見によって頭ごなしに否定するというかつての作風は明らかに変わりつつある。

3　社会主義とは何か？

そこで求められるのは、社会主義とは何であり、何であるべきかという知的案内であり、コンパクトな社会主義入門である。それが本書の目的ということになる。

もちろん社会主義思潮は巨大であり、短い著書で全貌を語ることはできない。ここでできるのは、社会主義の膨大なトピックの中の一握りに過ぎない。しかもこうした概略的な解説すらも、仮に社会主義思潮の全領域を網羅しようとしたら、辞書的な浩瀚さが必要とされる。

そこでここでは、私が正しいと考える社会主義のあり方を明確にした上で、これまでの主要な社会主義思潮を、望ましい社会主義のあり方という管制高地から配置してゆくという形で叙述を行っていきたい。

このため本書は、どことも知れない場所から自らの価値判断は前面に出すことなしに淡々と時系列のみ説明していくような解説書とは一線を画している。そうではなく、各社会主義思潮の思想的核心を簡潔に解説し、それを私が思う望ましいあるべき社会主義を価値基準にして評価することを通して、これからの社会主義的変革の展望を問題提起する形で議論を行う。だから著者である私ははっきりと社会主義を支持する社会主義者であり、社会主義者である著者が読者を社会主義に誘おうとする社会主義入門だということである。

そういう本書であるため、全体の議論の前提となるのは私の基本的な視座となっているマルクスの理論である。つまり本書は、私なりに理解されたマルクスの社会主義像が、社会主義のあるべき姿を指し示すものと捉えて、こうしたマルクスの社会主義論を視軸に据えて、マルクスとの対比において各社会主義思潮を位置づけるという方法を取ろうとする。

このため、何よりも大事なことはマルクスの社会主義像がどのようなものかというその理論内容を明確にすることである。この点で私のマルクス理解は、「世界で誰も言っていない」的な夜郎自大に陥ることは自戒しつつも、確かに同じ内容を論じている先行研究を発見できていないという面がある。その焦点は私のゲノッセンシャフト理解にあるが、マルクスのゲノッセンシャフト論についての私の、恐らくは独自な解釈については、既に『99%のためのマルクス入門』（晶文社、2021年）をはじめとする既発表の拙著や拙稿で披歴している。本書は社会主義入門ということもあり、マルクスの社会主義構想を先行著作より幾分詳しく解説することにしたい。

もちろんマルクスを基準とするといっても、マルクスを教祖としてこれを奉じるような疑似宗教的態度を私自身が取っているわけでも、読者をマルクス教徒にさせようとしているのでもない。私のマルクス解釈自体がこれまでなされてきた標準的なマルクス解釈とは対立する部分を含むものだし、マルクス本人に対してもその歴史的限界を明示しながら是々非々で受け止めるという態度で接している。なおその上で、基本的な理論の枠組みとしては批判的に摂取されたマルクスの立場であるという意味で、マルクス主義者を自負しているわけである。

こうした私自身の思想的立場は、私なりの「批判的マルクス主義」とでも言えるだろうものである。ここで「批判的」というのは、マルクス的な観点から対抗思想を批判するという意味のみならず、マルクス自身に対してもその死せるものに対しては容赦なく批判し切り捨てるという自戒を込めた、そういう二重の意味で批判的だということだ。本書はこうしたマルクス主義者である著者が、批判的マルクス主義の立場から各社会主義思想を俯瞰し、著者なりに独自に解釈されたマルクスの社会主義構想の現代的アクチュアリティを明確にすることを最終目標としたものだということができる。

4　マルクスと現実社会主義

このような本書の目的にとって議論の大前提となるのは、現実社会主義とマルクス自身との関係を明確にすることである。

現実社会主義とマルクスとの関係の理解については、世間一般と研究者の間では大きな隔たりがある。一般的には現実社会主義は社会主義社会だとされ、かつそれはカール・マルクスその人の理念が地上的に現出したものだと見られている。そのためソ連東欧社会の崩壊は、そのまま社会主義の崩壊であると共に「マルクス主義」の誤りの実証ということになる。だからマルクスというのはその誤りが歴史的に裁かれた過去の人であり、その思想には何らの現代的アクチュアリティもないというようなのが、世間一般で流布されている標準的理解なのではないかと思われる。

これに対してソ連がマルクスの理念の実現だなどと考えている研究者は、今はほとんどいないのではないか。仮にソ連を社会主義と認めるとしても、それは望ましい理想的な社会ではなく、マルクスその人の社会主義構想の延長線上にあるとは見なし得ないというのが、少なくともまともな研究者間で共有されている前提と言えるだろう。それどころか、現在ではソ連を社会主義としない見方が、むしろ主流となっているように思われる。

そうしたソ連を社会主義としない見解にも、社会主義への過渡期であり、社会主義を実現する前に潰えたと見たり、過渡期といっても正常な発展コースではなく歪められていたとか、あるいは社会主義への過渡ではなく、そもそも社会主義と原理的に異なる社会だったという意見もある。こうしたソ連非社会主義説の中でも特に現在の研究者間で有力なのは、ソ連は資本主義または国家資本主義だとする説である。

当然こうしたソ連非社会主義説にあっては、ソ連はそもそも社会主義ではないのだから、マルクスの社会主義構想の地上的実現では有り得ないということになる。

このように諸説が林立する中でまずはどう考えるべきかだが、ソ連が社会主義かどうかはともかくとして、少なくともマルクスの考えた社会主義では有り得ないというのが最大公約数的な大前提となるということだ。

この前提の上で、では本書ではマルクスと現実社会主義をどう捉えているかだが、具体的な内容は後論するものの、まずはここで言いたいのは、ソ連は社会主義ではなく、そしてソ連が社会主義では有り得ないことを理論的に根拠付ける最も信頼できる論拠が、他ならぬカール・マルクスの社会主義構想だということである。これはつまり、他ならぬマルクスの社会主義論こそが、ソ連が社会主義ではないことの最も強固な論拠となるということを意味する。それだから社会主義とは何かを理解するためには、社会主義への基本的な分析装置となるマルクスその人の理論的本質をしっかりつかむ必要がある。

5 環境問題と社会主義

それとともに、現代において社会主義のアクチュアリティを宣揚する、しかもマルクスの原像に立ち返りつつそうするというのなら、マルクスの理論が彼の時代にはなかった現代ならではの諸問題に時代を超えて対応できているのかというのが当然の焦点になろう。

そのような問題の中でもとりわけ重要なのは、やはり環境問題ということになろう。

もちろんマルクスも環境問題について何も考えなかったわけではなかった。それどころか彼は同時代人の中でも際立って鋭く環境問題を見据えていた一人だった。それは彼の主要な研究対象である資本主義が、あくなき利潤追求によって自然破壊をほしいままにしていたからである。

そもそも環境破壊それ自体は、何も近代や産業革命に固有なものではない。既にギリシアのような古代文明でも深刻な環境破壊が見られたのである。

当然、産業革命を経て蒸気機関を改良させ続けているマルクスの時代は、その生産力の発展により深刻な環境破壊を引き起こしていた。とはいえそうした環境問題はなお地域的な公害として現出していたのであり、その主要舞台は都市であって、農村を含む一国全体の問題とは言えなかった。

ところが現代において環境問題は都市問題であるどころか、一国の国境を飛び越え、地球全体の問題になっている。つまり現代にあって環境問題の核心はそれが局所的な都市公害であるのみならず、人類全体にとっての「地球環境問題」になっていることにある。当然その焦点となるのは温暖化で、温暖化とは人為的に排出される二酸化炭素を中心とした温暖化ガスの急激な増大により地球の自然なリズムでは有り得ないスピードで地表全体の平均気温が上昇していることである。つまり現在の生産力は都市の枠をはるかに超えて、地球環境全体までも変容できるまでの水準に高まっているのだ。

このような事態はマルクスの全く想定しなかったことだろう。そしてそれは当然でもある。マルクスに先駆するシャルル・フーリエは主著『四運動の理論』（1808年）の中で、人類の歴史を繋栄と衰退を繰り返すものとして描き出した。こうした壮大な循環的歴史観は古くは古代ギリシアのエンペドクレスに見られ、フーリエもその影響を受けているのだろうが、いずれにせよ人類自体の滅亡を視野に入れた壮大な歴史観は珍しくはなかった。とはいえそうした壮大な歴史を説明する原理はエンペドクレスの「愛憎」にせよフーリエの「情念引力」にせよ、その実在は全く検証することのできない形而上学的な原理もしくは宗教的な信念に過ぎなかった。

これに対して現在の地球環境問題は、まさにマルクス自身もそこに連なる社会についての科学の枠内で説明可能な事態なのである。それどころか、生産力の発展というマルクス自身が社会を見る際の中心的な視座それ自体が、地球環境問題への本質的な説明原理になる。まさに生産力の発展それ自体が、地球環境を変容させ、人類文明それ自体を危機に陥らせているのが、現代という時代なのである。

このような現在の地球環境問題をマルクスが予期できなかったのは当然のことだろう。マルクスは資本が地球大的な規模で自己増殖する運動体であることを強調し続けていたが、だからいって資本主義が地球全体の環境をも荒廃させ、人類を絶滅の危機にまで押しやるとまでは言わなかった。そのような発言をしたらフーリエのような予言者の類だと誤解されるのではないかと恐れていたのだろう。しかしこのマルクスの当時としては至極常識的な判断を乗り越えてしまっているのが現代という時代なのである。

これに対して、いやマルクスは実は現代の地球規模の環境問題を見据えていて、経済発展それ自体を否定して「脱成長」を説いていたのだなどと説くのは、マルクスをノストラダムスのような予言者に祭り上げることだろう。最近はかつての低評価に代わってマルクスが高く評価される傾向があり、当然それ自体は望ましいが、その内実が19世紀人のマルクスを現代人と無媒介に同列に並べ、マルクスを何か時代を超越した絶対的真理の体現者のように神格化するようなことだとしたら、素直には喜べない。こうしたカルト的な祭り上げは、事情を知らない人には面白く、ノストラダムス化されたマルクスへの一時的な熱狂を生むかも知れないが、所詮は張子の虎であって、虚偽の勝利は一時に過ぎず、やがては真実に打ち負かされるのである。

環境問題においてマルクスを生かす方途は、こうした生身のマルクスを無視したトリッキーな解釈を打ち出して世間を欺くことではなく、常識的な読解態度の延長線上にマルクスの理論的可能性を模索するという方法であるべきだろう

マルクスの常識的な読解とは、テキスト内在的にはマルクスの特定の文言を取り出して他の証言

との整合性を無視して自分に都合の良い一面的な立論をしないことであり、マルクスその人が生きた時代状況という外在的なコンテキストを十二分に踏まえることである。それはマルクスに限らず誰しもが逃れることのできない歴史的制約を踏まえた上で、その中から現代に生かせるものを見出していくという解釈態度である。

こうした常識的な読解方法によってマルクスの現代的アクチュアリティを見出そうとすれば、それは当然マルクスの文言を金科玉条化するような教条主義的な態度ではなく、マルクスを用いて行う分析対象のみならず、分析道具であるマルクスのテキストそれ自体にも批判的な視座を怠りなく行き渡らせるという作風である他ない。つまり環境問題でもまた、先に提起した批判的マルクス主義という立場に拠ることが要請されるのではないかということだ。こうした批判的なマルクス読解から導き出される環境問題への社会主義的及び共産主義的解決の具体像は後に改めて論じたい。

ともあれ、あくまで私なりに批判的な読み込んだマルクスに基いてではあるが、こうした批判的マルクス主義は環境問題ではその理論的アクチュアリティを発揮できないどころが、むしろ環境問題においてこそマルクスの理論的可能性が大きく広がっているのである。このことはまさに、環境問題こそが社会主義の理論的可能性を指し示す確かな一領域ということになる。だとすると、環境問題はとりわけて資本主義という枠組みそれ自体を問い直し、旧来型ではない新たな社会主義的変革への希求という知的雰囲気が広まってきた主要原因の一つとも言えよう。

第２章　社会主義をどう位置付けるか

前章で、環境問題に代表される資本主義ならではの問題の解決が求められているが、これまでのようにあくまで資本主義内部での改良方法の提示という暗黙の前提が崩れてきて、資本主義それ自体を問い直し変革してゆくという問題意識が増大しつつあるのが現在の知的雰囲気ではないかと提起した。

ここから一度はその思想的命運が尽きたと思われる社会主義が、現代的な文脈にフィットする形で新たに求められているのではないかとも提起した。

社会主義と言えば当然マルクスの名前が想起され、社会主義復権の本丸はマルクスの思想的可能性の再興にあるのではないかと考えるのが世間一般の考えだろうし、またそれは理論的にも適切な問題設定でもあるということを確認した。そのため本書ではマルクスを中心に社会主義の理論的可能性を提起しようとするのだが、当然ながら社会主義というのはマルクスの専売特許ではなく、マルクスの社会主義論は数ある社会主義思潮の一つに過ぎない。

そこでここでは、具体的に各社会主義思潮を説明するのに先立ち、社会主義というのを基本的にどう思想的に位置付ける必要があるのかを、ごく簡単にではあるが説明しておきたい。

1　社会主義と宗教

社会主義というのは一般にはどのような思潮なのかということだが、実はこれが到底一筋縄にはいかない。

我々は社会主義と聞けば直ちに「反資本主義」を意味し、資本主義に反対して資本主義を乗り越えた社会を建設したと自称した旧ソ連東欧の現実（に存在した）社会主義や、今も健在だが、資本主義ならではの不平等の指標になっているジニ係数が多くの資本主義諸国よりも高くて、いったいどこが社会主義なのか首をかしげざるを得ない中国などを思い浮かべるのが一般的なイメージだろうが、しかしこれだと社会主義というのは専ら資本主義成立以降の思想ということになってしまう。

しかし実際には、普通に社会主義的だと見なされるような思想は近代以前から数多く唱えられていたし、今から振り返れば社会主義または共産主義に該当するような思想を唱えていたと考えられる古代人も少なくなかったのである。

実際、近代になって反資本主義をアイデンティティとする明確な社会主義思潮が唱えられるようになってきた際にも、その唱道者は自らとイエス・キリストの福音を重ね合わせることが多かったのである。

イエスは言うまでもなく古代人であり、キリスト教の教義には自覚的なレベルでは反資本主義的な内容は含まれていない。しかし資本主義がもたらす貧困や不平等に対して、キリスト教は「神の下での平等」という明確に平等主義的なメッセージを対置する。また金持ちが天国に行くのはラクダが針の穴を通るより難しいというイエスの福音は、素直に解釈すれば貧富の格差への批判であり、富者に対する告発である。こうして今日では社会主義の特殊な一形態だとされる「キリスト教社会主義」が、かつてはむしろ社会主義の主流だったのである。

今はそうではなく、社会主義や共産主義と聞くと直ちに「神の否定」を想起し、それがために不穏なものを感じざるを得ないという向きも少なくないという状況になっている。これは他ならぬマルクスが無神論というか唯物論の前提の上に社会主義を構想したからである。そして自他ともにマルクスの正当継承者と見なしたレーニン及びレーニン主義を国是としていたソ連を始めとする現実社会主義諸国が、無神論を標榜して反宗教プロパガンダに励んだからである。

確かにマルクスは客観的に存在するのは物質的な存在のみであり、神や霊などの精神的な実体とされるものは実在せず、人間が観念の世界で作り出したものに過ぎないとする唯物論者である。彼はキリスト教社会主義が社会主義を神の国の地上的実現と見なすのとは対照的に、あくまで人間自身の歴史的進歩によってもたらされる理想の実現こそが社会主義であり、共産主義だと考えていた。そして我々もまた、社会主義には宗教的な裏打ちは必要なく、あくまで合理的な社会設計の問題であると考えるべきだという点で、マルクスと軌を一にしている。

しかしだからといって、社会主義は必ず無神論でなければならず、社会主義と宗教信仰は両立し得ないかと言えば、決してそうではない。社会主義は基本的にはあくまで社会制度の問題であり、神のような超自然的な存在に対する個人的な信条とは相対的に独立しているからである。ソ連では長きにわたって無神論宣伝が続けられ、共産主義者であることと無神論者であることの一体性が唱えられたが、これは個人的な信条の自由に対する侵害であり、抑圧的な社会政策であった。そしてこうした無神論教義の押し付けは、自由な存在としての人間の実現を目指すマルクス本来の意味での社会主義的解放の理念に背くことであり、マルクスの立場からすれば重大な裏切り行為だった。もちろん、マルクスの権威を持ち出すまでもなく、個人の自由を侵害するような社会は、資本主義的抑圧から人間を解放するはずの社会主義にふさわしくない新たな抑圧の創出である。当然これからの社会主義構想においては問答無用に無神論を押し付けるような現実社会主義の悪夢は、繰り返されてはならない。

そもそも神が存在するかどうかは科学的に論証されるものではない。我々が知ることができるのは時空内にある現象的事実だけで、時空を超えた超越者は原理上、その存在を想像したり、いるに違いないと信じたりすることしかできない。原理的に時空を超えた超越者として規定される神を、現象世界の事物と同じレベルで扱うことはできない。こうした考えは我々が知ることができるのはその物が時空という形式の中に現象する限りであって、その物自体は認識することはできないというカントの認識論に倣うものだが、何もカントのような複雑な形而上学的前提を立てるまでもなく、単純に時空を超えた存在は時空内の事物と同じレベルで事実や客観的真理として議論することはできないというだけの話である。砕いて言えば、神や霊がいるかは信じるかどうか次第だという単なる常識に過ぎない。しかしこの常識から出てくる大切な帰結は、どちらか分からないものの一方を認めることを強制されてはならないということである。無神論も有神論も、どちらを信じるかは自由であって、社会主義へのコミットメントがどちらか一方への排他的選択を伴う必要はないし、また社会主義をそのようなものとして考えるのは一面的である。

これから実現されるべき社会主義をどのように構想するにせよ、超越的領域への信念は個人の自由として残しておくべきで、神を信じようが信じまいが等しく参画できるような運動の提起でないといけない。その意味で、かつての現実社会主義で行われていたような反宗教プロパガンダは無用である以上に有害であり、今後に繰り返すべきではない反面教師だと言えよう。

本書で積極的に提起される望ましい社会主義像は無神論者であったマルクスに由来する。エンゲルスには幾分そうした節が見られるが、マルクスの場合は自己の共産主義構想への支持は必ず宗教信仰との決別を伴わなければならないと考えていたようには見えない。しかし大事なことはマルクスの教条を墨守することではなくて、適切な理論を構築することである。仮にマルクスが無神論者であることを万人に対する義務のように考えていたとしたら、それは宗教的信条に対する適切ではない不寛容さであって、誤りとしてきっぱりと退けるべきである。

日本では明確に宗教信条を打ち出す人は比較的少なく、何となく無神論者だったり、深く考えずに神社仏閣に参拝して各種祈願をするような人が多い。神や仏の実在を心から信じているからこそ参拝するというような論理的に一貫した人はむしろ少数で、いるともいないとも分からないが、何となく雰囲気やノリで祈願するというような、軽い感じが多いとされる。初詣に大勢が出向くように、宗教的な行動をする人は多いが、自覚的な信仰というよりは風習の一つとして各種宗教行事に参加するというような心性が一般的ではないか。だから実はそうした一見して宗教的な振る舞いに反して、実のところは無神論や唯物論的な考えの人が多いのでないかというのが、よく言われていることだったりする。

これに反して諸外国では宗教行事に参加する人は真面目に信仰しているのが普通で、実は信じてないが風習なのでやっているという向きは日本のように多くはないというのが、これまたよく言われることである。もちろん外国人の大多数が熱心な信者というわけではないし、日本人的な何となく信者も一定数いるはずだが、それはむしろ少数の例外だろう。特にイスラム圏ではほとんどの人が真面目にラマダン月での日中断食を行っている。こうした高濃度のコミットメントを持続させるには、実は信じてないが何となくのような日本人的メンタリティでは無理だろう。

このような世界の現況が何を意味しているのかと言えば、人類の多数が神への信仰を捨てて唯物論者になるというシナリオは、共産主義が世界大で実現するという夢物語以上にありそうもないということである。

もちろんどんなに可能性が低くても是非そうすべきだというのならば、原理的に不可能ではない限りはそれを追求すべきだろう。しかし万人が神や仏への信仰を放棄して無宗教の唯物論者にならなくてはいけないという合理的な理由はない。社会主義を推奨するにあたって必要なのは信仰の有無にかかわりのない社会主義的変革へのコミットメントである。我々はマルクス主義的な唯物論に立脚した社会主義が望ましいと考えるが、社会主義的変革への連帯を示す有神論者に信仰放棄を強要することはあり得ない。それは旧ソ連で行われていたような否定すべき抑圧的な宗教政策の再現だからだ。

2　社会主義と自由

ただし、ここで勘違いして欲しくないのは、社会主義の立場は信仰の有無について何かしらの強い決断を促すものではないが、これはあらゆる信条の自由を無条件で許容することではないということだ。社会主義なのだから、資本主義では許容されている根幹的な自由がきっぱりと否定される。言うまでもなく所有の無制限な自由は許されないのである。

もちろん資本主義にあっても所有権は無制限に認められているわけではない。資本主義では原則的に何でも買えることになっているが、売買が拒否されている対象もいくつかある。地位や身分というのは今も昔も建前上は売買できないものだったが、かつては実質的にはかなり広範囲に売買されていた。しかし今はある特定の地位を得るにはそれにふさわしい手続きを踏んで、適任であるということが客観的に認められなければならず、実力のない者が金を積んで手に入れるのは不正だと広く観念され、多くの場合で法律的にも禁じられている。

そして何よりも、一人の人間を金銭でもって丸ごと所有することは、現代では許されない。金銭で丸ごと買われる者は買い手の奴隷で、奴隷制度は現在では決して許容されていないからだ。我が国の法律では契約は基本的に諾成主義で、申し出を受け入れて相互に合意がされれば成立するとされる。しかし奴隷契約は相互に合意があっても公序良俗違反で無効である。何人もたとえ望んでも誰かの奴隷にはなれないのである。よくフィクションで借金のかたでタコツボ部屋に押し込まれ、地下の作業場で強制労働をさせられるというような話が描かれたりするが、このような強制は深刻な犯罪であり、どれだけ多額の借金があろうとも、返済のために隷属させられることは決して許されないのである。我が国では、いかなる理由があろうとも奴隷的隷属は許さない。こうした法律のあり方は、現代社会において奴隷制的遺制は絶対に許さないという強い決意の表明と言えるだろう。

このように、奴隷制という悪の絶対的否定という点では模範的な現行の法秩序ではあるが、奴隷的隷属以外の所有権それ自体は原則的に許容されている。確かに奴隷契約以外にも、貴重な文化遺産や自然遺産のような取り換えの利かない財も売買が禁じられている。どれだけの金額を積んでも、法隆寺や富士山を買うことはできないのである。しかしこうした原則的に売買できないような財は、我々の社会では例外で、基本的には全ての物が売買できるようになっている。貴重な自然保護地域は買えないかもしれないが、基本的には土地は自由に売買できる。そして個人的な消費財以外にも、新たに富を産み出すための生産財も自由に買うことができる。だから生産するための財を用いて生産活動を行うことも、自由にできるのである。そしてそうした生産のための財を生産のための手段として用いて、誰かを雇い入れて働かせて、新たに富を蓄積し続けることも問題なくできる。この場合、誰かを雇って働かせるということはその人を買っていることになるのだが、奴隷が許されない我々の社会では人間を丸ごと買うことができないので、買うのはその人が働くことのできる能力である。

こうして我々の社会である資本主義では生産手段を所有する者が労働力を買い上げて富を蓄積させることができる。しかしそれは富を持たずに労働力を売る他に生きる術のない大多数の貧困を前提する。それだからこうした分断を否定する社会主義にあっては、資本主義のように所有権が広範囲に認められることはない、何よりも一方の富裕と他方の貧困を生み出す原因となる生産手段の所有は禁じられる。生産手段は資本主義のように私的所有されるのではなく、社会全体で管理される。そして労働力も売買されるのではなく、労働力を所持している労働者本人が連帯してその処遇を管理運営するようになる。

このように社会主義はかつての現実社会主義での反宗教プロパガンダのような、信条の自由に対する不要な抑圧を許容するものではないが、かといって無制限に自由が認められるわけでも、資本主義よりも自由の範囲が拡大するわけでもない。生産手段の私的所有のような資本主義では認められていた所有が禁じられるという意味では所有権の範囲が狭まるということであり、この点だけを見れば社会主義とはむしろ資本主義よりも不自由な社会である。この他に、社会主義が目指す社会のあり方にあっては、資本主義では認められる極端な貧富の格差が禁じられる等、その社会政策は基本的に資本主義以上に自由を拡大するのではなく、むしろ自由の範囲を狭めていくという方向を取る。社会主義とは決して資本主義以上に自由な社会ではないのだ。

3　拘束のない自由

だがそうすると、我々は俄かに社会主義に賛同することはできなくなるのではないか？　なぜなら人間にとって自由こそが最も大切で掛け替えのないものであるというのは、遍く行き渡った社会常識であり、不自由よりも自由がいいというのは、問うまでもない大前提であるはずだからだ。だとすると、資本主義よりも不自由な社会である社会主義は、資本主義のオルタナティヴなどころか、むしろ資本主義よりも悪い社会なのではないか。なのになぜ敢えて社会主義を称揚しようとするのか？

実際、大衆的なイメージにおける「社会主義」の雛形は旧ソ連東欧の「共産主義」社会であり、これらの社会は間違いなく西側資本主義よりもとりわけて言論の自由がない不自由な社会だった。ということはやはり社会主義というのは現実社会主義の悪夢を再現しようとする「悪魔の企て」なのであって、こうした「社会主義」の推薦者である私などはけしからん極悪人ということになるのであろうか？

確かに社会主義は資本主義よりも不自由な社会ではある。しかしここで問題なのは、そもそも自由というのは何なのか、どのような自由が望ましいのかという根源的な問いである。

なるほど資本主義は社会主義よりも自由であり、しかも社会主義とは反対にその自由の範囲を拡張しようとする。では資本主義こそが「自由な存在」である人間にふさわしい経済秩序ということになるのではないか。

この場合に言われている「自由」は、何でもできること、外的な制約がなく思うままに動き回れるようなイメージでの自由ということになろう。またこれは古典的な自由観でもある。

こうした古典的な自由観は、近代科学の形成と密接に結び付いている。

近代科学の前提的な世界観は、世界の構成要素を自由運動する物体に見ようとする点にある。こうした世界観を数学的に厳密化し近代科学のパラダイムとなったのが言うまでもなくニュートン物理学である。この世界観が共有されている中で、人間もまたそうした自由運動する物体であり、社会は運動する物体である人間による構成物だという見方が生じてくるのはごく自然なことだろう。そしてこれこそ近代を代表する哲学者の一人であるホッブズの人間と社会観でもあった。

ホッブズにおいて社会とは個々の人間の集合体であり、その基本的な趨勢は個人のあり方に根差している。ホッブズは人間を、感覚を備えた運動する物体だと考えた。それで、物体の基本的な運動法則は自由運動である。一度動き出した物体は外的な拘束がなければどこまでも動き続け、同じように自由運動する物体と衝突や結合を繰り返し、どこ果てるともなく動き続ける。こうした原子論的な世界観が、そのまま人間社会にも適用される。つまり人間は外的な拘束がなければどこまでも自らの欲望の赴くまま動こうとするということだ。しかし人間は原子のように強固ではない。原子は相互衝突しても破壊されることはないが、人間は強くぶつかり過ぎたら壊れてしまう。つまり、死んでしまうのである。しかも自然は各人を平等に作った（『リヴァイアサン』）ため、強者が弱者を一方的に蹂躙することはできない。万人が等しく死の恐怖に晒される。

こうした観点こそホッブズが、社会が形成される以前の自然状態に認めた人間のあり方であった。欲望する物体である人間が相互に出会ったら、殺すか殺されるかの戦争状態にならざるを得ない。こうした「万人の万人に対する闘争」という惨めな自然状態を脱するために、各人が自らの生存の保証と引き換えに基本的権利を絶対権力者に譲渡し、そうした絶対君主の統治の下に社会生活を営むべきだというのがホッブズの社会観だった。

こうしたホッブズに見られるように、近代社会において典型的に想定された自由とは拘束がないことであり、自由な存在は外的に拘束されない限り何でもできるし、しようとするものだと前提されていた。その上で、こうした外的拘束がなく何でもできることそれ自体は根本的に重要な価値だと認められていた。

4 積極的な自由

もちろんホッブズの自然状態のように一切の拘束がなければ自由は行き過ぎてしまい、社会を不安定にしてしまうので、ホッブズの求めたような絶対君主でなくても何らかの権力が適度に拘束して、各人の生活が侵害されない限りでの自由に留めるというのが、近代における典型的な自由観になる。

こうした自由観の代表が、J・S・ミルによるものである。ミルの自由論は今日、「他者危害原則」や「愚行権」の承認という形で議論されている。これは他者に危害を与えない限り積極的な善行は強制されず、たとえ愚かなことであっても行う権利があるという考え方である。

ミルがこう主張したのは、たとえ善いことであってもそれが政府や機関によって上から押し付けられると、個人の内面の自由が失われ人間が卑小になってしまうからだとされた。

このミルの考えは重要である。やはり何といっても人間には内面の自由は元より個人的性向や嗜好の自由は重要で、やりたいことが自由にできないのは根本的に不幸だろう。その意味で、たとえどのような社会であってもこうしたミル的自由論は前提的に重視されるべきだと言えよう。

しかし自由というのは専らこうした外的で消極的なもので、敢えてやるべき積極的な自由はないのだろうか。もちろんそうした積極的な自由も外的に上から強制されてはならないが、自発的に敢えてやるという意味での自由はないのかということである。

それは確かにあるし、そしてこうした積極的な意味での自由こそが、社会主義的文脈で重視される自由となる。

社会主義で目指される自由は、行動範囲の制限をなくすことでも、資本主義以上に広げることでもない。社会主義では生産手段の私的所有が禁じられるのだから、この点では明らかに資本主義よりも不自由な社会である。しかし生産手段の私的所有が禁じられれば資本が生成することができず、生産手段を所有していない労働者が資本家に搾取されることもなくなる。これにより、搾取されて貧困に陥る労働者はいなくなり、労働者は資本主義よりも豊かになる。豊かになった労働者は増大した自由時間を用いて、資本主義よりも多くのことができる。つまり社会主義は労働者が資本主義では妨げられていた自己実現を可能にするために、資本主義では認められている搾取の自由を制限して、資本主義では狭められていた労働者の自由の領域を拡大する。そして社会主義では資本家はいなくなるのだから、労働可能な者は総じて労働者となる。だからここでは労働者は人間一般を代表する意味になる。

それゆえ、社会主義が求める自由は形式的な自由ではなく、自己実現のための条件である。そして自己実現が妨げられないような外的な自由を条件として、自らの自己実現が可能になり、それにより自らの意思でしたいことができるようなる。そういう、単に外的に拘束されないという意味での消極的な自由ではなく、そうした消極的自由を前提にして、自らの内面的な意志によってしたいことができるという積極的な自由が、社会主義の求める自由の本質ということになる。

この意味での積極的な自由は、明らかにカントの求める自由と呼応している。

カントは外的に拘束がないという消極的な、普通の意味での自由を、本来の意味での自由である積極的な自己実現としての自由の前提条件とする。この場合カントは、こうした外的な自由が増大すればするほど欲求や感情に任せてしたい放題にするのではなく、むしろそうした感覚的な部分は抑制して、敢えて禁欲的に道徳法則に従って人間らしい人生を実現するのが本当の意味での自由だとした。この場合、自由とは何でもしたいことができることではなく、なすべきことを外的に強制されることなく自らの意志でできることが自由であり、こうした自由な存在であることが人間の本質であるとした。

つまりカントにとって自由とは、人間が自己以外の他者によって支配される他律的存在であることを脱し、自分自身のなすべきことを強制されずとも自らなすことができる自律的存在になることによって実現される、人間にとっての最高の価値なのである。

そしてこうした自由こそが社会主義の求めるものである。

社会主義の求める自由は、資本主義以上に行動の範囲を広げることではない。社会主義では「自由な商業活動」によって労働者を搾取する自由は禁じられるのだから、こうした行動範囲の広さという点では資本主義よりも狭いのであって、この点では社会主義は資本主義よりも不自由な社会である。しかしこの不自由によって労働者である人間が自己実現できる可能性は拡張される。この意味では社会主義は資本主義よりも自由な社会である。

ではどちらの自由が望ましいのかということである。商業の自由を認めて搾取する自由を認めるか、搾取を禁じて個々人を豊かにするか。何でもできるという形式的な自由は減少するが、個々人が自己実現できる可能性は増大する。形式的には自由ではないが、実質的には自由な社会としての社会主義。もしこれが望ましいと考えるのならば、社会主義を求めるべきだということになろう。

5　自己実現としての自由が社会主義の最終目標

こうして、本書で提起する人類にとって望ましい社会のあり方である社会主義の基本性格が、まだなお部分的ではあるものの、位置付けられただろう。

社会主義は現在では専らマルクス主義と直結され、マルクス主義がそうであるように無神論を前提する思潮のように思われているが、マルクスの同時代まではむしろキリスト教社会主義が一般的であり、決して無神論を前提としてはいなかった。

確かに批判的にではあってもマルクスに範を仰ぐ本書の立場では無神論が望ましいと考えるが、社会主義はあくまで社会構想であり、社会主義者であることが必然的に神の否定を伴うこともない。無神論者も有神論者も、同じく社会主義者として連帯できるし、するべきである。

社会主義では信教の自由が保障されなければならないが、信教の自由に示されているように自由は人間にとって重要な価値であり、社会主義もまた自由を重視する。しかし社会主義で認められている生産手段の私的所有や商業活動の自由を認めない。この意味では社会主義は資本主義よりも不自由な社会だが、こうした自由の制限によって資本主義では実現できない高い水準で、個々人の自己実現を可能にする条件を作り出す。ここでは資本主義で追及される消極的な自由ではなく、自律という積極的な自由が重視されている。こちらの意味では、社会主義は資本主義よりも自由な社会である。

社会主義はカント倫理学のように、外的制限がないという意味での消極的自由を個々人が自己実現できる自由という積極的な自由の手段と考える。こうした自己実現の自由という観点からすれば、資本主義ではなくて社会主義こそが真に自由な社会として求められるべきということになる。

マルクスも『共産党宣言』の中で理想社会である共産主義を「各人の自由な発展が万人の自由な発展のための条件であるようなアソシエーション」としている。つまり万人の自由な発展が目的であり、各人がそれぞれに自己実現することが調和的に全員の自己実現になるという調和的な社会である。こうした社会をどう考えるべきかは後に再説するが、明らかにここでは個人の自己実現が求められるべき自由の内容となっている。

こうした自由こそが社会主義が求めるものであり、このような積極的な意味で捉えられた自由を重視する考え方はマルクスに限らず多くの社会主義思潮に共通する。本書もまた、こうした自己実現としての自由を社会主義の最終目的として位置付けるべきだと考える。

第3章　マルクス以前の社会主義思潮

本書で中心的なテーマとして解説し、望ましいものとして提起する社会主義像はマルクスによるものだが、社会主義は言うまでもなくマルクスの専売特許ではなく、マルクス以前にも以後にも多様な形で存在したし、今もしている。そこで当然、マルクスの社会主義だけではなく社会主義一般の入門を意図する本書では、あくまでマルクスと関連する限りという限定があるとはいえ、やはりある程度は詳しく解説しないといけない。

この場合、マルクス以前と以降では、マルクス以外の社会主義思潮の特徴を説明する仕方が自ずと異なってくるということだ。

マルクス以降の社会主義思潮は、マルクスに賛成するにせよ反対するにせよ、マルクスというか、むしろマルクス主義との関係の中で自らを位置づけるという方法が一般化していた。

例えば今日ではマルクス主義とは一線を画すとされている社会民主主義は、その起源で代表であるドイツ社会民主党自体が元々マルクス主義の政党であり、マルクス没後の早い時期からベルンシュタイン等の修正主義路線が中心になり、第二次大戦後にマルクス主義とは一線を画すことを明確にして今に至っている。この意味では、社会民主主義は確かにマルクスの思想を代表するものではないが、直接的な源泉は間違いなくマルクスその人である。マルクスはエンゲルスやラッサールと共に、今や明らかにマルクス本人とは異なる思潮となった社会民主主義の出発点になったというのは、揺るがぬ歴史的事実なのである。

それゆえ、社会主義はその出発点からしてマルクス自身の構想との偏差の中で語られる思想であり、マルクスという基準点がなければ、社会主義を正確に位置付けることはできない。

社会民主主義と並ぶ非マルクス主義的な社会主義思潮であるアナーキズムも、マルクスとの対比の中で語らなければ、その特徴のつかめないものである。なにしろアナーキズムの代表的人格であるプルードンやバクーニンその人がマルクスの同時代人であり、マルクスと直接的な交流があった思想的ライバルでもあった。またマルクスが若き日に執拗に批判したマックス・シュティルナーも、今日ではアナーキズムの古典家として評価されている。

こうしてマルクス以降の社会主義思潮は、多かれ少なかれマルクスとの影響関係の内にある。そのため、これらの社会主義思潮はマルクスを基軸にしてマルクスとの対比の中でその思想が特徴付けられるし、また特徴付けなければならない。

1 「ユートピア社会主義」

　これに対してマルクス以前の社会主義思潮はマルクス本人との直接的な関係がないため、専らマルクスのみを基準にして腑分けすると、手前味噌的な一面性に陥る可能性がある。例えば今日エンゲルスによって「ユートピア社会主義者」とされたオーウェンは、むしろ自らの思想の科学性を誇っていた。そのためエンゲルスの言い分をそのまま鵜呑みにすると、オーウェンの実像を捉え損ねる可能性がある。同じことはもう二人のユートピア社会主義者でもあるサン・シモンとフーリエにも言える（「ユートピア社会主義」を含むユートピア思潮全体の概観として、菊池理夫・有賀誠・田上孝一編『ユートピアのアクチュアリティ――政治的想像力の復権――』晃洋書房、2022年、参照）。

　とはいえ、エンゲルスの「ユートピア社会主義」という言い方は、マルクスの科学的社会主義と対比させてユートピアを科学以前の未熟な思潮としていることに根本的な瑕疵があるが、社会主義をユートピア思潮の文脈で捉えること自体は、エンゲルス自身の意図とは別に、有益な見方になる。つまりマルクス主義以前の社会主義は、エンゲルスのように必ずしも否定的な意味合いを帯びさせることなく、「ユートピア」という言葉で一般に言い表されるような思潮として捉えるのが適切だからだ。

　この場合ユートピアというものを、この言葉の語源になったトマス・モアが同名の小説の中で述べていたような、同時代のどこかにある理想郷を指すだけではなく、もっと広く一般的に捉えておく必要がある。社会主義が通常そう見なされるように未来において実現されるべき理想社会とした り、逆にプラトンが『ティマイオス』と『クリティアス』で描いた、かつて大西洋に存在したアトランティス大陸の超古代文明のように、過去に存在した失われた理想郷を指し示す言葉としてもである。この意味では、マルクス以前の社会主義思潮は、基本的にユートピアの提起として受け取っておくのが、妥当な見方になる。

というのも、ユートピアとして嘱望された理想社会はことごとく、貧富の差がなく平等で物質的にも豊かにして、人々が現行の社会よりも強固に連帯し、より人間らしい自己実現が可能となった社会として描かれていたからだ。古典的なユートピア像には、現代のリバタリアンが理想とするような、競争に打ち勝った者が敗者よりも多くを受け取り、敗者のために自分の取り分を税金として奪われることはないが如くの、せせこましくて利己的な願望は反映されていなかったのである。

2　パレアスとヒッポダモス

こうしてマルクス以前の社会主義思潮には、広くは古今東西に古代から伝承される理想郷の願望が含まれることになる。しかしこれらの広大な源泉の中で、後にマルクス主義に流れ込むのは専ら古代ギリシアとローマを古典とする西洋社会のものであり、マルクス自身に影響を与えたのも、こうした西洋のユートピア的イメージである。当然その最大の淵源はプラトンということになるが、しかしプラトンにのみ社会主義思潮の起源を求めるのは、いささか視野が狭いと言わざるを得ない。

そのことは他ならぬプラトンの弟子であるアリストテレスにおいて既に意識され、師による理想のポリス構想に先駆者がいることが例示されている。

そのアリストテレスが挙げる具体名はパレアスとヒッポダモスである。

パレアスは、内紛はいつも資産をめぐって起こると考え、市民の財産は平等であるべきだとした。パレアスはまた教育も平等であるべきだと主張していたようである。しかしパレアスの提案は、アリストテレスがそもそもこれを批判するために紹介していることもあってか、その細部は分からず、アリストテレスの言を信じる限りでは具体的内容の乏しいものだったようである。アリストテレスによるとパレアスは、富者は子供の結婚持参金を与えるだけで相手からは受け取らず、貧者は逆に受け取るだけで与えないようにすれば、速やかに財産の平等化が実現されると主張していたらしい。確かにこれは短慮だろう。またアリストテレスは、パレアスは土地の平等だけを問題にしていたから一面的だと批判しているが、これだと持参金との整合性が取れない。要するに「為にする批判」の色彩が濃く、アリストテレスの紹介がフェアではない可能性が大だが、何しろパレアスについてはこのアリストテレスの『政治学』による伝聞しかなく、詳しい真相は分からない。アリストテレスが過小評価している可能性が大きいが、ともあれパレアスはプラトンに先駆けて財産の平等を説いていたのは確かであり、西洋思想史上最初の社会主義者と言えるだろう。

ヒッポダモスは実際に権力の座にあって国家運営しているのではない立場で、あるべき国家のあり方を考えた最初の人だとされる。その構想は実際には都市設計で、国家の人口は一万人とし、国民を職人、農民、国防に携わる戦士に三分割する。国土も聖域、公用地、私有地に分け、公用地で戦士の、私有地で農民の生活を支えるとした。つまりヒッポダモスは史上初の都市計画者ということになる。こうした都市計画は後の時代には当然に行われるようになるが、それまでのポリスはヒッポダモスが計画したような秩序だったものではなかったとされる。こうしたヒッポダモスの功績を称えて、整然と区画整理された都市計画を、今日では「ヒッポダモス方式」と呼ぶ場合がある。

こうして社会主義の古代的源流とされるプラトンのさらに前に理想社会を構想したパレアスとヒッポダモスが、少なくとも西洋世界という文脈においては社会主義の始祖ということになろう。そして出発点である二人の思想の中に、今日にまで続く社会主義の基本的特徴が表明されている。それはパレアスのように財産の平等を強調することであり、ヒッポダモスのように社会組織の人為的な設計を志向することである。

3　設計主義

20世紀になってハイエクは社会主義や共産主義を批判して自生的秩序としての市場を重視し、そうした市場に支えられた資本主義を擁護するために「設計主義」という言葉を使った。確かに社会主義はその核心として人間が自らの社会を理想的な形で組織することができると考える。その意味で社会主義の核心はそれが設計主義的な社会理論なことにある。しかも財産の平等というのを理想社会のメルクマールに据えるというのは、パレアスの昔から今も変わりない。

しかしだからといってハイエクの批判が当たらないのは、ハイエクが批判の主対象としたソ連が実際には社会主義でないことから明らかである。ソ連東欧の現実社会主義は、ノーメンクラツーラという「赤い貴族」が支配した社会であって、西側諸国にそう思われていたほどの平等社会ではなかった。またそこで行われていた「計画経済」は実際にはきちんと計画されてはおらず、市場経済よりも非効率なもので、それがために闇経済の領域が大きく拡大していた。つまり現実社会主義で目論まれた社会設計は明らかに不適切なものだったのであり、これの崩壊をもって設計主義それ自体の反証例と見なすことはできないのである。

この意味で、これからの社会主義というのは現実社会主義崩壊の教訓を踏まえて、実効性のある社会設計構想を目指す思想運動だと位置付けることができよう。

ともあれ、こうして社会主義はその初発の段階から社会をよりよく設計しようとする思潮だということが明らかになった。そして今度は社会主義と共産主義という概念の違いが議題に上ってくる。ここで鍵となるのが財産の平等という論点である。

4　社会主義と共産主義の区別

社会主義と共産主義という言葉は二つともよく使われるが、その異同ということになると余り確かではない。実際日常的な使い方でも、厳密に区別されることなく何となく混同されて使われている。

ではこうした日常的な混同が不当かと言えば、必ずしもそうではない。

そもそも社会主義も共産主義も後に作られ使われるようになった言葉で、その意味でユートピア概念と同じである。社会主義や共産主義、そしてユートピアという言葉がなかった昔から、これらの言葉に当てはまる思潮は数多く存在していた。本書で社会主義という場合は、狭義にはマルクス主義的な文脈で用いるが、広義ではパレアスやヒッポダモスのような古代的原型も含めている。共産主義も然りである。

共産主義は狭義にはマルクス主義的な意味を指す。しかしマルクスに限っても、共産主義という概念の使われ方は一様ではない。

マルクスのみならずこの世で最も有名で多く読まれてきた社会主義文献は『共産党宣言』だろうが、マルクス主義のことを「科学的社会主義」と呼ぶのは一般化した伝統だし、マルクス主義という言い方を好まず、科学的社会主義の呼称を愛好する政党もある。

そうするとマルクスは一体どっちなのかということになる。『共産党宣言』なのだから明らかに共産主義者なはずである。しかし彼こそが科学的「社会主義」の創始者だという理解も一般化している。

マルクスの共産主義構想について詳しくは後に再論するのでここでは簡単に触れるに留める。マルクスは１８４４年の『経済学・哲学草稿』で理想社会の初期段階を共産主義とし、究極的な理想社会を社会主義としていた。しかし続く『ドイツ・イデオロギー』では理想社会を段階分けすることなく共産主義と呼称するなど、概念規定に揺れがあった。だが1848年の『共産党宣言』以降は、基本的に共産主義で統一される。対してエンゲルスもマルクス同様に共産主義呼称を用いていたが、晩年になってマルクスの理論を科学的な社会主義と呼び始め、マルクス自身もこの「科学的社会主義」という呼称に、消極的な形ではあるが、特に反対することなく同意している。

ということは、マルクス主義的文脈では元々社会主義と共産主義はそれほど明確に区別される概念ではなく、かなり緩く、場合によってはコンパチブルに使われているということになる。後の時代になって特にソ連を呼称するための通俗的用法として「共産主義」が一般化し、こうしたソ連型社会主義である共産主義と、西欧の社会民主主義を区別する文脈で社会主義との区別が言われるようになったというのが実情だろう。

この意味で社会主義と共産主義は厳密に区別される概念でも究極的には別の概念とも言えないが、相対的なニュアンスにおいて区別されるし、実際に区別されてきた概念ということになる。そしてその区別の根拠は基本的に論敵と自己を対比させる論争的なものであり、『共産党宣言』はそうした対比の代表例でもある。ここでマルクスとエンゲルスは各種社会主義思潮の理論的限界を衝いた上で共産主義者としての自らの立場を宣言しているわけである。

そうなるとマルクス以前の社会主義思潮を社会主義と共産主義に厳密に分けることはできないということになる。そもそもそれらの思潮は自らを社会主義や共産主義と呼称しないことも多く、プラトンを代表とする古代哲学には社会主義も共産主義という言葉もなかったのである。

しかし今日、プラトンの理想社会構想を原始的な「共産主義」思潮と呼ぶことは一般化している。それはプラトンが先行するパレアス以上に徹底的に財産の平等を説き、平等実現のための主要手段として私的所有を禁じることを提案していたからである。

ここから社会主義と共産主義は厳密には区別できないものの、特に財の所有を禁じ、富の平等を強調する思潮に対しては伝統的に共産主義の呼称が用いられていたと言っていいだろう。これに対して、社会主義は共産主義のようにソリッドではなく、現行社会よりも豊かで平等な社会を指し示す言葉として用いられていたと言えるだろう。この場合、社会主義では共産主義のように所有の否定はデフォルトではなく、むしろ主眼は財の適切な分配や、労働のあり方を中心に社会組織が合理的に組織されることを求めるような思潮であることが、狭義に共産主義と区別される社会主義の基本的な特徴と言えるだろう。

ただそうするとユートピア一般と社会主義の区別がつきにくいが、社会主義の場合は共産主義のように厳格ではなくとも、やはり所有に対しては否定的だし、厳しく財産の平等は求めなくても、なお貧富の差には基本的に反対する。こうした点で、社会主義はユートピア思潮一般と区別される。

とはいえ、ユートピア思潮の多くは、言葉の語源となったトマス・モアの小説も含めて、その具体的内容においては共産主義もしくは社会主義に類似している。それは人々が世の東西を問わず、理想として追い求めたい社会のあり方が似通っていたということだろう。それは貧富の差も身分の上下がなく、誰もが自由で豊かな社会である。それはまさにこれまでの人々が生きてきた社会の反転像なのである。

5　社会主義は普遍的思想

以上のように、そもそも社会主義も共産主義という概念も、マルクスの出現を主要契機にして、マルクスを基準にして区分けされて用いられてきたものであり、この意味ではマルクス以前には現代の用法に直結する形での社会主義及び共産主義はなかったと言える。しかしこうしたマルクス以降に用いられるようになったマルクス主義的な図式を敷衍して適用すれば、古代から続くユートピア思潮の具体的内容の多くが、実際には共産主義もしくは社会主義思潮であったと言える。

このため、マルクス以前の社会主義思潮をサン＝シモン、フーリエ、オーウェンといったいわゆる「ユートピア社会主義者」に限定するのは狭すぎる。実際にはこうしたマルクスの直接的な先行者も含めたユートピア思潮それ自体を広義の社会主義思想として、マルクスの前史に含めて考えるべきだろう。

この事実から言えることは、社会主義というのが極めて普遍的な思想だということである。

確かに狭義の社会主義や共産主義思想の起源はプラトンのような古代ではなく、マルクスからそれほど離れていない近代、特にフランスに求められるものである。

共産主義が今日のように私的所有の否定を前提にして完全な平等を目指す思潮という意味で使われたのはバブーフを嚆矢とするが、そのバブーフや、バブーフの同志で『平和のための陰謀』（1828年）という著作でバブーフ主義を世に広めたブオナロッティらは、等しくルソーに強い影響を受けている。

ルソーはよく知られているように『人間不平等起源論』で、土地の私的所有が不平等の原因であることを訴えていた。こうして共産主義思潮は古代ギリシア以来の、所有の否定による平等の実現を志向する。

これに対して社会主義は、オーウェン主義者による1827年の用法が初出だという（結城剛志「科学によるユートピア――イギリス社会主義の誕生――」、『ユートピアのアクチュアリティ』、61頁）。ただしこの場合の「社会主義」は今日的な資本主義に対抗する意味ではなく、むしろ「個人主義」の対概念として用いられていた。フランスでの初出は1831年で、「そこに現代的意味をはじめて与えたのはベルブルッガーというフーリエ主義者である（1834年）」とのことだ（杉本隆司「初期フランス社会主義とユートピア――サン＝シモンとフーリエ――」、『ユートピアのアクチュアリティ』、114頁）。

社会主義の場合は一般に、共産主義のように所有の否定というよりも合理的な社会の組織化に主眼が置かれていたと見ることができるだろう。この意味で、後にソ連型の「共産主義」と西欧社会民主主義の対立軸に生産手段の私的所有を認めるか否かという争点が生じたことは、狭義の社会主義と共産主義の出発点からの相違ということかもしれない。後に論じるように、ソ連は現実には官僚が生産手段を所有していたので、私的所有の否定といっても形式的なことに過ぎず、実質的には所有原理を克服できなかった社会だった。それでも形の上では確かに私人が生産手段を所有することはできず、ブルジョアは存在しなかった。

これに対して社会民主主義では私企業は容認され、市場経済の存続が前提された。ただその経済のあり方が資本主義のように貧富の差を拡大することのない公正なものであるように、企業活動にある程度の規制を求めるという事前的な規制を副とし、主要には事後的な再分配により社会的矛盾を緩和するという形の、共産主義と比べると穏やかな形での社会変化が求められた。

しかしこうした社会民主主義も、現行の資本主義を変革してより人間にとってふさわしい社会を求めるという大枠では社会主義や共産主義と一致している。つまり人間の社会は資本主義のままであってはいけないという点では同じなのだ。社会民主主義と社会主義がそうであるように、社会主義と共産主義も狭義には相違するが、広義には一致する。こうして社会主義と共産主義の区別は相対的であり、今日これら両概念が混同されて使われていることも、決して人々の無理解のためとは言えず、これら両思潮は結局のところ、現行社会とは異なる新しい経済秩序を求めて資本主義を否定する。この意味では、慣用的混同にも合理性があると言えよう。

それだからこそ、マルクスがそれ以前の社会主義と共産主義を統合する形でそれ以降のパラダイムになる新社会構想を提起し得たわけである。

マルクスの理想社会構想では私的所有の否定が前提されるので、この限りで基本的な枠組みとしては共産主義に入る。しかしマルクスは以前の共産主義がひたすらに所有の悪を告発するのに対して、所有に拠らない合理的な社会組織構想の構築を目指したという意味では、社会主義との共通性を有する。また社会主義がオーウェンなどに顕著なように個人主義と対比され、新たな有機的な人間関係の創出という面を強調するという志向も共有されている。この場合、マルクス的な社会主義

＝共産主義構想では連帯という価値が強調される。しかしこれはまた、個人主義の単純な否定ではなく、個の自律を前提した上で、ブルジョア的個人主義ではない有機的に社会化された人間関係を求めるというものである。

この点で、マルクスの思想は腑分けとしては共産主義側に入るものの、それ以上にむしろ以前の両思潮を統合しているという面が強い。このこともあって、マルクス自身も社会主義と共産主義をコンパチブルに用いていたし、所有と市場が否定された共産主義的な理想社会の前段として、市場社会主義的な過渡期も構想していた（「個々の問題への暫定中央評議会代議員（デレゲート）への指示」1867年。『ユートピアのアクチュアリティ』所収の拙稿「マルクスとユートピア」で解説しているので参照されたい。要点だけ記すと、マルクスは革命後の社会主義への過渡期であるプロレタリア独裁政府の採用する経済政策として、市場社会主義的な利潤分配制を想定していたということ）。いずれにせよ社会主義も共産主義も何よりもその核心が資本主義よりも合理的な社会設計であるという点で、社会主義的な思考様式を前提としていた。

こうしたこともあって、社会主義と共産主義という概念は今日、マルクス主義的な文脈では初級段階の社会主義と発展段階の共産主義という形で統合されている。

こうしてマルクス以前の社会主義と共産主義は相対的には区別されるが絶対的には区別できないものであり、その大前提は理想社会の実現が現行社会秩序の変革を前提するということである。この意味で、様々な内容で展開されたユートピア思潮との結び付きは本質的である。それは人々が望む社会は貧富の差がなく平等で、物事がうまく組織されて不条理がまかり通らず、そのようなよく組織された社会のために人々が友愛的に連帯しているようなイメージだからだ。資本主義的競争を理想であるかのように描くのは現代のリバタリアンに特有な偏見で、古今東西、誰もそんな競争社会をユートピアとして夢想しなかったのである。

6　未来の規範としての社会主義

このようにマルクス以前の社会主義は基本的にユートピア思潮の文脈で捉えられるべきであり、その基本性格はマルクスを基準にして、マルクスから遡って規定されるというのが一般的な作法にもなっている。そしてこの作法は社会主義を理解する方法論としても望ましいということになる。ただしこの方法論の難点は、マルクス自身はユートピア思潮から外れて、ユートピアを克服した科学的な社会主義者として造形されることである。実際これがエンゲルスによって行われたことであり、マルクスはユートピアンではない「科学的社会主義者」だという理解が、現代でも常識化している。しかしこの常識は適切ではない。

確かに「ユートピア」というのを、実現可能性を無視した夢想のようなものとして見るのならば、マルクスはユートピアンではない。しかしユートピアを、実現可能性を前提とした目指されるべき理想と考えるならば、まさにそのようなものとして社会主義や共産主義を考えねばならず、マルクスは間違いなくユートピアンである。

つまりマルクスは、実現可能性を無視した夢想という、世間一般で思われているような意味でのユートピアとして自らの理想を語ったのではないが、実現可能性のあるリアルなユートピアを構想したリアル・ユートピアンということになる。従って社会主義におけるマルクスの位置付けは、旧来のように「ユートピア社会主義」を「科学的社会主義」に転じたというような理解ではなく、現行社会とは質的に断絶した理想社会を提起したという点では旧来のユートピアンと何ら区別がないが、旧来のユートピアンよりもずっと現実味を帯びた実現可能性の高い説得的なユートピア構想を提起したという意味で、もう一人の新たなユートピアンとすべきということになる。

ただしユートピアという言葉そのものに拘る必要はないので、「ユートピア」という言葉ではやはりどうしても実現可能性の希薄な夢想というニュアンスを拭い切れないというのなら、これを「規範理論」と言い換えても構わない。いずれにせよ、社会主義というのが未来において求められる実現されるべき理想だというその本義が伝わればよい。理想なのだからそれは目指して実現されるべき規範であり、規範を論ずるのは規範理論の領域である。過去から現代までの歴史的事実への考究とは異なるし、時間軸を捨象した現在社会の共時的なシステム分析でもないということである。未来に実現されるべき理想とその実現可能性を問うというのが、社会主義論の基本方向ということになる。

読者の中には「何を当たり前な」と思われる方もいると思うが、それは正しい印象である。しかしこの当たり前が当たり前でなかったのが、これまでのマルクス主義だったのである。

我々が目指しているのは、未来の規範としての社会主義論という、マルクス主義以外の社会科学ではごく普通の方法論に則った社会主義論である。ところがこれまでのマルクス主義では基本的にそうした方法論は採用されなかった。しかし我々は我々なりの現代的なアクチュアリティのあるマルクス主義を構築しようとする立場である。だからマルクス主義の伝統はこれとバッティングする。ということは、我々が望ましいものと見なすマルクスの社会主義論の提示の前に、マルクス主義の伝統をいったん解体しておかなければならないということになる。

次はまずこの作業から始めたい。

第4章　マルクスの社会主義思想

マルクス以前の社会主義思潮を瞥見し終えたところで、いよいよ本書の中心内容であり、社会主義を考えるに際しての前提的立場となるマルクスの社会主義思想を概説する段となった。ここで注意しなければいけないのは、本書が重視するのはカール・マルクスその人の社会主義構想であって、マルクス主義一般の社会主義像ではないということである。

ここでいう「マルクス主義」は、マルクス以降にマルクスの思想を継承するものとして始められた思想運動を指すが、その中でもとりわけて、レーニンからスターリンへと継承されて、現実社会主義のイデオロギーとなったいわゆる「正統派マルクス主義」とも言える思潮が念頭に置かれている。そのため、後に見る旧ユーゴスラヴィアの「プラクシス派」に代表される東欧社会にかつて存在した革新派マルクス主義や、もっと広く、ソ連イデオロギーに対抗する形で展開したいわゆる「西欧マルクス主義」は数に入れていない。こうした反ソ連的及び反現実社会主義的思潮は、ソ連イデオロギーとは対照的に、その思想的基盤をマルクス自身の著作に求めようとした。革新的なマルクス主義は多かれ少なかれ、自己の思想をマルクス自身の理論に基づかせようという「マルクス原理主義」的な面があった。これに対してソ連イデオロギーにはそうした原理主義が希薄だった。

確かにソ連イデオロギーはレーニンがそうであったように、ベルンシュタインらの修正主義的方向に対抗して、マルクス主義の本義を強調するという、一見して原理主義を思わせるところがあった。ところがこの「原理主義」は実はマルクス自身の著作にどこまでも依拠するという本来的な意味での原理主義ではなくて、既に予め歪められた形で確立していたマルクス解釈を継承するという意味での原理主義に過ぎなかった。

1　マルクスと区別されないエンゲルス

そのことを象徴的に示すのは、マルクス主義者が真っ先に読むべき著作としてレーニンが『反デューリング論』や『フォイエルバッハ論』といった、マルクスの晩年から没後にエンゲルスの単独で書かれた啓蒙的著作を挙げていることである。こうしてレーニンにとって『反デューリング論』や『フォイエルバッハ論』は、マルクスの思想全体を適切に要約して解説したものとされている。そしてこうした認識はレーニンに限ったことではなく、レーニンのロシアにおける先行者であるプレハーノフは元より、レーニンの主要な論争相手だったカウツキーやベルンシュタイン等の第二インターナショナル系のいわゆる「修正主義」的な論者も含めて、当時のマルクス主義者に遍く共有されていた。つまり、第二インターナショナルの人々もレーニンのフォロワーたちも等しくマルクスの正統な後継者であることを自任し、その上で彼らなりのマルクス主義を展開したが、彼らが自らのマルクス主義の概要を最も的確に知ることができる典拠としたのは、等しくエンゲルスによる啓蒙的著作だったということである。

これはつまり、マルクス主義の主流的な流れにおいてはマルクスとエンゲルスは区別されず、エンゲルスが単独で書いた啓蒙的著作がマルクス自身の神髄を伝えるものとして理解されてきたということである。そして今現在においてもマルクス主義者及びマルクス主義に親和的な政治勢力では、『反デューリング論』や『フォイエルバッハ論』をマルクスの思想を歪曲したものではなく、マルクスの理論的神髄を分かり易く解説した労作として初学者や若者に薦めるのが、一般的であり続けている。

これに対して西欧や東欧の革新派マルクス主義潮流の中にもやはりマルクスとエンゲルスを当然のように一体視する見方も少なくなかったが、エンゲルスによるマルクスの歪曲を強調する論調も確かに存在した。

結論的に言えば、こうした歪曲を強調する論調は、その解釈内容はともかくとして、基本方向においては正しかった。我々がマルクスの社会主義論を検討する際には、まずは正確な意味での原理主義的態度、すなわちマルクスの社会主義論を理解するためにはその典拠をマルクスの単独著作か、少なくともエンゲルスとの共著にまでに制限しておかなければならず、エンゲルスの単独著作は二次的な位置付けの文献であり、とりわけ旧来最も重要視されていた『反デューリング論』や『フォイエルバッハ論』はマルクスの思想の神髄を伝えるものではなく、むしろその真意を歪曲して伝えるものだという認識を前提としないといけないということである。

2　エンゲルスがマルクスを歪曲した理由

ではなぜ『反デューリング論』や『フォイエルバッハ論』といった後年のエンゲルスによる啓蒙的著作がマルクスを歪曲して伝えることになったのか？　実はこの理由を旧来の革新派マルクス主義は明確にできなかった。エンゲルスには哲学の素養がなくてマルクスの弁証法的思考が理解できなかったというような、明確な論拠を示すのが難しい解釈で終わっていた。

これに対して私は、エンゲルスの啓蒙的著作がマルクスの思想、なかんずくその社会主義構想に関して明確な歪曲をなしたことのはっきりとした理由をこれまでの著作で提示してきた。それはエンゲルスが愚かだからマルクスの理論が分からなかったなどという粗忽な話ではなく、もっと根の深い社会認識方法の根本的な違いのためである。

この認識のずれは初めからあったのではなく、一人エンゲルスの一方的な変化によってもたらされた。その証拠は晩年のエンゲルスによる数々の証言であり、とりわけて重要なのはエンゲルスが自身の若き日の理論活動に対して自己批判していることである。つまりエンゲルスはその若き日にあってはマルクスと同じ認識方法によって社会主義や共産主義を捉えていたのだが、その根本的な視座をエンゲルスは、マルクスを差し置いて一人自己批判して放棄し、その上で新たに獲得した認識を前提にして『反デューリング論』や『フォイエルバッハ論』を書いたということだ。

ということは、後期エンゲルスによる啓蒙的著作はマルクスとは異なる認識論によって書かれているということになる。根本的にものの見方が異なっているのだから、そうした啓蒙的著作はマルクスの正しい解説と見なすことができず、歪曲と判断しないといけないのである。では何をエンゲルスは自己批判し、マルクスとは異なる方法論を採用するようになったのか？

エンゲルスが自己批判したのは、彼の若き日の著作が、資本家と労働者との具体的な階級対立の根底に、そうした敵対的な人間関係のあり方による人間性それ自体の棄損を見ていたことについてである。1892年という老人となったエンゲルス自身の言によれば、『イギリスにおける労働者階級の状態』（1845年）は、「共産主義は労働者階級の単なる党派的教義ではなくて、その最終目的が、資本家を含めた全社会の、現在の制限された諸関係からの解放であるような一つの理論である」と結論しているため、実践に悪影響があると否定的に評価される。若きエンゲルスは批判の前提に人間という普遍的な価値を置いたヒューマニズムの立場にあったということである。それは若きエンゲルスがカント以来のドイツ観念論の影響を強く受けていたためであり、その影響は老エンゲルスにとっては今や悪影響と否定的に切り捨てられる。

つまり若きエンゲルスには資本主義を批判する根底に、資本主義が人間性という普遍的価値を毀損するからよくないというヒューマニズム的観点があり、この批判的観点から資本主義の現実に規範的な批判を加えていた。若きエンゲルスはこうした規範的な批判と実証分析を媒介させて理論を構築させるべきだという視座にあったわけだ。

ところがこうしたドイツ観念論以来の普遍的規範としての人間を掲げるヒューマニズムは、老人となったエンゲルスには、実践的に悪影響があると見なされる。こうしたヒューマニズムでは資本家もまた一人の人間として、その人間性の疎外が議論される対象になる。そのような敵に塩を送る甘い理想ではなく、ひたすらに階級闘争の現実を見据えて、資本家を打倒していくべきだという話なのだろう。そうすると階級闘争の先にある理想、それは資本家も含めた社会の全員が、疎外されることなく人間性を開花できるようになることのはずだが、そうした理想は考える必要はないということになる。

3　法則的決定ではなく理想の必要性

ではなぜ理想を考える必要がないのか。それはそうした理想を変革のための指標とするまでもなく、未来はなるようにしかならないからである。そしてこうした歴史における法則的決定への確信こそが、エンゲルスの考える「マルクス主義」の真骨頂である。

エンゲルスの言うマルクス主義とは、マルクスによる唯物史観の発見と剰余価値理論による資本主義での労働者の搾取の解明により、科学となった社会主義であり、先行者のように単なるユートピアではない「科学的社会主義」だとされる。

この科学的な社会主義では歴史法則が解明されているため、資本主義崩壊の必然性も論証されている。そして資本主義が克服されれば自ずと理想的な状態が実現されるため、ユートピア社会主義者のように未来社会の設計図を事細かく描く必要はないとされた。

このため旧来の主流派マルクス主義では未来の理想を描くことは忌避され、その代わりに法則への確信と資本主義の否定的事実の描写に終始した。資本主義の悪が余すことなく解明され、悪の体制である資本主義を打倒すれば、自ずと善なる社会主義が実現するとして、未来がどうなるかと細かく予想したり、未来をどうすべきかという規範を提示したりすることは、科学を非科学に後退させるものとして断罪されたのである。

しかしこれはあくまで自己批判後のエンゲルスと、自己批判したエンゲルスによって構想された「科学的社会主義」としてのマルクス主義に固有な前提であって、マルクスその人には共有されていない。なぜならマルクスはエンゲルスと異なり、若き日の自己を批判することなどなかったからである。

確かにマルクスも明らかに重要な文脈で、後期エンゲルスと類似した法則決定論を彷彿させる言辞を残している。この意味で、マルクスにもまたエンゲルス同様の歴史信仰的傾向があった可能性は捨てきれない。しかしマルクスの場合はせいぜい歴史の傾向を言ってるのであって、エンゲルスのように確固としたものとは思えない。

エンゲルスはマルクス没後に、マルクスは社会に対する道徳的非難に代えて歴史の確固とした法則を対置したと評するようになる。しかしこうした道徳と歴史法則をトレード・オフにするような観点はマルクスの著作には見られない。実際『資本論』には当時の有名なブルジョアを名指しにしてその人間性の欠如を糾弾するような道徳的非難も見られる。こうした非難はマルクスに限らず今も昔も社会主義や共産主義者の著作にありがちだが、マルクスが先行者と異なるのは、こうした道徳的批判を確固とした社会分析と媒介し得た点である。マルクスは資本主義の本質構造を科学的に分析することと、資本主義における人間の道徳的堕落を断罪してより善い人間のあり方を提示することを、エンゲルスのようにどちらか一方を選択しなければいけないというようには考えていなかった。それは車の両輪のようにどちらも必要なのである。

このことを端的に示すのは、『反デューリング論』と『ゴータ綱領批判』での社会主義論の位置付けが明らかに異なっている点である。

『反デューリング論』のエンゲルスは歴史法則信者であり、歴史は法則に従ってなるようにしかならないと考えている。従って必要なのは未来のあり方を独自に構想することではなくて、現在までの歴史の推移を明確にして社会主義の真実を「証明」することである。このためここでは社会主義社会それ自体についての独自な具体的構想はなく、あるのは気楽な未来予測でしかない。その代表例が価値法則についてのエンゲルスの理解である。

我々がいつも馴染んでいる、金銭で商品を購入するという経済活動をエンゲルスは資本主義までの旧弊だとし、その固有の機能は労働力の搾取を隠蔽するためだと見た。この点エンゲルスは正しく、確かに我々の社会では労働力の投下によって形成される商品の価値は、労働力量の直接的表示値とは異なる「価格」によって隠蔽されている。このため商品と貨幣の等価交換という現象によって労働力の搾取という本質は見えなくなり、等価交換に含まれる資本主義の不正は「適切な取引」というイデオロギーによって隠されてしまう。

このためエンゲルスは社会主義になって価値法則が無くなれば、価格による価値の隠蔽という事態は起きなくなり、経済過程は透明なものになって、財の生産に必要な労働量が直ちに簡単に計算できるようになるとしたのである。

これはつまり、資本主義は合理性の欠如した社会なので、資本主義が打倒されれば社会はずっと合理的なものになり、経済も容易に運営できるものに転化するという、極めて形式的な推論である。

確かに形式的にはエンゲルスの言う通りである。社会主義は資本主義よりも合理的な社会だからこそ望まれるのであり、合理的な組織はそうでない組織よりも容易に運営できるのは当然である。だからエンゲルスのように形式主義を貫けば、社会主義それ自体について独自に考える必要はなく、革命が成就して社会主義になりさえすれば、予め青写真を構想するまでもなく理想的な状況が自ずと到来するというようになる。そしてこの確信の最終根拠は、歴史法則が全てを決めるという歴史信仰である。

4 『ゴータ綱領批判』の未来社会論

これが意味するのは、自己批判後の後期エンゲルスは、社会主義それ自体を独自な理論領域として認める必要を感じていなかったということである。要するに、エンゲルスには固有の意味での社会主義論はないということである。

ところがこれは明らかにマルクスとは異なる。『ゴータ綱領批判』の未来社会論は、『反デューリング論』とは余りにも対照的なのだ。

価値法則それ自体の理解についてはエンゲルスとマルクスの間に齟齬があったとは思えない。マルクスにとっても価値法則は資本主義までの人類の前史に固有の経済法則で、資本主義後の本史では存立根拠を失うものである。ところがマルクスはエンゲルスと異なり、社会主義になっても価値法則に類似した経済活動を行わざるを得ないと考えたのである。

『ゴータ綱領批判』でマルクスは、共産主義になれば価値法則はなくなり、貨幣は消滅するとした。この新社会では、自分が労働によって社会に提供したのと同じ労働量で作られた生活に必要な財をそのまま返してもらえる。つまり資本主義のような搾取は消失している。しかしこの財の入手には労働量を示したZeichen（単なる印の意味だが、我が国では重々しい「労働証券」訳が定着している）が用いられるのだという。この労働証券は貨幣のように流通しないし蓄蔵して利子を得ることもできないが、財との交換に際しては価値法則と類似した作用が生じるとした。つまり労働証券は決して貨幣ではないが、貨幣に類似した挙動を示さざるを得ないとしたのである。

こうマルクスが考えるのは、新社会の初期段階ではまだまだ資本主義遺制が色濃く影を落とし、貨幣経済に慣れたメンタリティは容易に変化しないと考えたからである。そしてこれはエンゲルスとは余りにも違う。

『ゴータ綱領批判』は1875年で、『反デューリング論』は1878年である。マルクスの議論を承知していたエンゲルスがなぜマルクスを全く踏まえていないのか。

まさにそれは、マルクスとエンゲルスの問題意識の差だろう。マルクスは歴史法則主義に乗り切っていないため、未来のあり方を独自の理論領域と捉え、新社会の初期段階における経済運営の困難さに思いを馳せたが、歴史信仰者のエンゲルスには、未来の経済運営をどうするかという問題意識自体がないのである。だからマルクスのように真剣に考えて悩むこともなく、社会主義は論理的に資本主義を否定した高次発展段階だから、今からどうするべきかと悩むまでもなく、自ずと合理的な経済活動を至極簡単にやってのけると楽観したのだ。

以上の前提から、この章でマルクスの社会主義論を解説するにあたって、旧来のマルクス主義的な社会主義解説では考えも及ばない大胆な結論を導かざるを得ない。それはつまり、マルクスの社会主義論を解説するにあたっては、原則的にマルクスのみの社会主義論への言及に終始すべきであって、エンゲルスの議論は異質なものとしていったん除外しなければならないということである。これまでのマルクス主義文献では当たり前のようにマルクス自身の思想を示すものとして『フォイエルバッハ論』や『反デューリング論』が用いられてきたが、レーニンも社会民主主義者も伝統的に愛用していたこのスタイルは、もはや採用できないということである。

それというのも実はエンゲルスには固有の意味の社会主義論がないからだ。そのため、ここではあくまでマルクス自身の社会主義論にのみ議論を絞り、必要に応じてマルクスとの対比の中でエンゲルスの社会主義関連の言及に触れるという形になる。

5　ヘーゲルの疎外論を批判的に継承

マルクスと言えば今では社会主義や共産主義の代名詞となっているが、そのマルクスも元から社会主義者だったわけではない。彼が自己の立場を社会主義または共産主義者として明確にするには、いくつかの前提条件が必要だった。

そもそも、マルクスの初発の問題意識であり、終生にわたって貫かれた思考の基本前提は、理想というのは地上的世界においてこそ実現されるのであって、実現可能性を捨象した天上的理念は美しいが無力であるというリアリズムだった。マルクスはこのリアリズムを、まさに実現可能性から原理的に切り離された「統制的理念」という究極的な原理を語るカントを批判したヘーゲルから受け継いだのだった。

ヘーゲルにあっては理念とは現実の世界での展開によってそれを実現していく運動である。理念は精神的な原理だから、当然ヘーゲルにあっては歴史の原動力もまた精神であり、その歴史観は観念論的なものである。言うまでもなくこれに対してマルクスは現実に生きて働く諸個人の生活過程を基本的な前提に据える。そのため歴史の原動力は諸個人の織り成す物質的な生活活動であって、人間の現実的生活が根底であり、歴史は人間の生活を超えた精神的な原理が織りなすものだという観念論とは前提が異なる。

ヘーゲルの観念論的な歴史観とは対照的な、こうした唯物論的な歴史観を思考の前提に据えるマルクスではあるが、歴史を理念の実現過程と捉えていたのはヘーゲルと同じであり、それはマルクスが唯物論者となってヘーゲルと決別することになっても変わらなかった。

しかしヘーゲルの場合は歴史を動かすのは人知を超えた絶対精神である。そのため理念の地上的実現は予め保証されている。これに対して唯物史観では歴史を動かすのは人間自身であり、人間は神のような絶対的存在ではなく、有限な存在でしかない。そのため理念の未来における実現は、ヘーゲルのように決して保証されない。共産主義が実現する前に環境破壊によって人類自体が滅んでしまうのも、決してないとは言えないわけだ。この点でも、エンゲルス以降の「科学的社会主義」が非科学的なのが分かる。それは唯物論を前提しているはずなのに、まるでヘーゲルのように理念の必然的実現を主張していたからだ。

ともあれ、理念と現実に対する思考枠組みをヘーゲルから受け継いだマルクスは、同じように理念の現実世界における疎外という疎外論的思考を受け継いだ。

ヘーゲルは精神的原理である理念の自己展開という見方で世界全体を説明する壮大な哲学体系を構想した。この際に問題になるのは自然世界である。ヘーゲルにとって精神とは創造的原理であり、決まりきった因果法則を超えて、新たな発展を産み出すものである。これに対して自然世界はまさに物理法則の世界である。ここでは決まりきった因果法則が支配している。しかしヘーゲルにとって世界の原理は唯一、精神のはずである。では精神とは明らかに異なるはずの自然とは何なのか？

実はそれも精神なのである。しかし自然は精神が自己自身を喪失して、自分自身ではなくなったような精神であり、疎外された精神である。自分自身ではなくなっているのだから、再び失われた自己を取り戻し、自分自身に復帰しなければならない。だから自然は再び自己を疎外することにより、精神となって自己を取り戻すのである。

このようにヘーゲルは、世界を貫く精神的原理であるロゴス＝論理が、自然世界と人間社会という精神世界の双方に貫いているという説明を、疎外概念を用いることによって成し遂げた。このヘーゲルにおける基軸概念の一つである疎外論をマルクスも受け継ぎ、ヘーゲルとは異なる形でヘーゲル自身よりも一層重視する形で、自らの中心概念としたのである。

このためマルクスの思索活動は、その初期から後期に至るまで疎外論を中心に展開することになる。だからマルクスの理想である共産主義も疎外論の前提の上で構想されることになるのである。

今では社会主義の代名詞になっているマルクスも、当初から社会主義者だったわけではない。彼が初めて社会主義や共産主義に接した際には、その問題意識に大いに共感しつつも、当時の彼が自由意志の実現としての個人の権利の根拠を私的所有権に見ていたヘーゲル主義の立場にあったため、私的所有の否定である社会主義思潮に対しては、原理的にこれを退ける他はなかった。しかしそんなヘーゲル主義者のマルクスであっても、その方法論はヘーゲル同様に疎外論である。そのため、社会主義思潮に原理的な批判を加えながらも、その中に疎外された人間性の普遍的な解放のためのヒントが隠されている可能性を感じ取り、これを全面的に否定して捨て去るべきではなく、プルードンのような独創性のある労作は長期にわたる深く立ち入った研究により批判されるべきだとしている。

6　木材窃盗問題に階級闘争を見る

こうして若きマルクスは私的所有を前提するヘーゲル主義者として社会主義思潮に対して批判的に出会うのだが、今度はその前提である私的所有への擁護が、根本的に崩れさる出来事とに遭遇する。それが当時のプロイセン政府を揺るがしていた木材窃盗問題である。

プロイセンのようなドイツ文化圏で伝統的に採用されていたゲルマン法では、森林への地主以外の者の入会権を認め、木から自然に落ちた枯れ枝は無主物だと規定していた。そのため数多くの貧民が枯れ枝を拾って燃料として利用していた。

当時のプロイセンでは資本主義の興隆に応じて土地の所有権が強化されて伝統的な入会権が否定され、枯れ枝の採集が犯罪として罰されるようになっていた。枯れ枝を拾えないなどというのは我々からするとさしたる問題でないように思えるが、貧しい人々からすれば死に直結する。こうした木材窃盗への取り締まりを強化しようとする中で行われたプロイセン議会での論戦に対してマルクスが取った態度は、当時のマルクスの精神的動揺をよく表している。

後年のマルクスならば問題の焦点は簡単に分かる。それは階級問題であり、木材窃盗を舞台とした階級闘争が行われているということである。

しかし当時のマルクスはヘーゲル主義者であり、市民社会の矛盾は国家で止揚されると信じていた。そのためには地主や富農に小農、商工業者や職人、それに当時やっと勃興し始めたばかりのプロレタリアたる工場労働者といった、階級を異にする人々も等しく国家臣民としての公共意識を高めて、自らの属する階級の利害に囚われることなく、等しく普遍的な国家理念に従うべきだと考えていたのである。

ところがこうしたヘーゲル主義的解決は、自らの生活のありように直結する利害の前には無力なのだった。

この事情は現代の我々にも自明だろう。土地への課税が強化されることは土地を持たない者には何でもないし、そのために所得税が低減されるのならば、むしろ積極的に支持したくなるだろう。しかし代々土地を相続して不労所得を得続けてきた者にとっては全く見逃せないし、その課税のレベルが不労所得生活を不可能にするまでの高さだったら、死活問題だと受け止めて何としてもこれを阻止しようとするだろう。

このような土地所有者に公共心の欠如を指摘して教え諭しても、聞く耳は持たないだろう。もちろん中には積極的に自らの財産を放棄するような有徳者もいるだろうが、少数の例外に過ぎない。多数は何としても既得権益を守るために奔走するだろう。

この場合、通常はあからさまな本音は言わないものである。自分が土地所有を守るのは働かないでも大多数の労働者よりもずっと豊かな暮らしができるからで、贅沢三昧の生活を送りたいから土地への課税の強化や、まして没収に反対するのだなどとは言わない。あたかも私利私欲はなく、もっと高尚で普遍的な価値に訴える形で、しかし自らの私的利害の正当性をでっち上げようとする。これが階級社会におけるイデオロギーの標準的な機能である。

こうしたイデオロギーの向かう先は結局、私的所有権の正当化である。私的所有権が何よりも重要であるため、土地の私的所有も認められる。そして土地を手放さざるを得なくなるまでの課税は所有権の侵害であり、税は必要最小限の低率に抑えられるべきだと主張される。そしてめでたく贅沢三昧の日々が保障されるというわけである。

木材窃盗問題に直面していたヘーゲル主義者のマルクスは、イデオロギー概念を確立した『ドイツ・イデオロギー』の著者のマルクスのように、まだイデオロギーとは何かが分かっていなかった。しかし既に内面的な破局は間近だった。ライン新聞での活動を通して階級対立の現実に直面し続けたマルクスには、もうヘーゲルではやってゆけないことが予感されていたのである。

こうしてマルクスはライン新聞を辞してすぐの１８４３年の時点でヘーゲル主義と決別し、独自の思想的前提に立つことになった。それはつまり市民社会の矛盾は市民社会をそのままにして国家理念や国家機関で解決することはできず、市民社会それ自体を根本的に変えない限り解決不可能であるということである。

7 「欲求の体系」としての市民社会

市民社会の基本性格は既にヘーゲルに拠って適切に把握されていた。それは「欲求の体系」であり、各人が他者を手段として用いて自己の欲求を満たそうとする社会である。つまりヘーゲルもまた、資本主義がどういう社会であるのかをきちんと理解していたのである。しかしヘーゲルはそうした欲求の体系である市民社会の実体が資本主義的な生産様式であることは理解できなかった。そしてこれこそがマルクスの成した理論的解明である。

こうしてマルクスの理論は、市民社会の矛盾を国家によって止揚するというヘーゲル的解決法、これは言わば市民社会の物質的原理によって疎外された精神性を、精神的原理である国家に帰還することによって取り戻すというように図式化できる話だが、マルクスの場合は唯物論者として、疎外も疎外の止揚も、全て物質的原理の内部で行われる。疎外とは疎外を産み出すような市民社会的な、すなわち経済的な原理であり、疎外の止揚もまた疎外されない経済のあり方である。このため、マルクスが目指す疎外の止揚は、疎外の原因にして根拠である資本主義的な市民社会それ自体を変えて、疎外を産み出さない経済のあり方を実現することである。すなわち共産主義の実現が疎外の止揚なのである。

このような次第で、マルクスの社会主義論は疎外論を前提にして、疎外論と一体なものとして展開される。それだから、マルクスの社会主義構想はまず初期の著作で疎外論が展開される中で披歴され、その思想的原型を保ちつつ以降の著作で発展させられる。そうしたマルクスの社会主義論が彼の全著作の中でも最も詳しく具体的に展開されるのが、１８４４年の『経済学・哲学草稿』と「ミル・ノート」、総じて『パリ草稿』と呼ばれる著作である。そしてこの『パリ草稿』にこそ、マルクス社会主義論の原形にして神髄がある。それだから、マルクスの社会主義論を語るには、何よりもまず『パリ草稿』を検討しないといけない。

8 『パリ草稿』と『経済学・哲学草稿』

マルクスが最も詳しく社会主義論を展開した『パリ草稿』だが、社会主義論は主として『経済学・哲学草稿』の「第三草稿」と「ミル・ノート」で展開される。『経済学・哲学草稿』は主に三つの草稿群からなるが、「第二草稿」は短い断章以外は散逸してしまったので、「第一草稿」と「第三草稿」が中心的な内容となる。社会主義論を対象とする本書では、専ら第三草稿の叙述が問題となるが、それらの社会主義論を理解するためには、前提として第一草稿の「疎外された労働」の議論を踏まえないといけない。というのは、第三草稿の社会主義論は、資本主義的な疎外された労働の反対物である「疎外されない労働」を語る文脈で展開されるからである。疎外されない労働が実現する社会こそが社会主義なのだから、これを理解するためには疎外された労働の議論を理解する必要がある。

『経済学・哲学草稿』はヘーゲルの影響を強く受けた哲学的な思考展開や言い回しが、マルクスの後の公刊された著作のように抑制的ではなく率直に多用されている。そのため、これをいきなり読んで内容を理解するのは容易いことではないはずである。しかし疎外された労働についてのマルクスの議論、つまりマルクスの疎外論については本書のこれまでの議論でもある程度は触れていて、既にその概要について読者は承知していると思う。だからここまで読まれた読者には『経済学・哲学草稿』の内容はすんなりと頭に入ってくるのではないか。

マルクスは『経済学・哲学草稿』以前から疎外論に基づいて理論展開を行っていた。その方法は、まず前提として疎外されない状態を理念として掲げ、疎外された現実に対して理念を基準に批判するというものである。この場合、様々な領域において起きている疎外の中で、何が中心的であるかを確定することが重要な課題になる。

ヘーゲルは絶対精神の疎外という構図によって人間社会の展開を説明していた。そしてフォイエルバッハは、ヘーゲルの絶対精神の具体的表現である神は人間が自身の本質を疎外することによって生み出した人間の自己喪失であることを喝破した。そうしてヘーゲルの疎外論を唯物論的に転倒させたわけである。マルクスはこの両者の議論を前提に自己自身の疎外論を確立するが、この際に重要なのは、ヘーゲルもフォイエルバッハも主眼となる疎外は精神の領域における疎外であり、特にフォイエルバッハの場合は宗教における疎外こそが中心であって、全ての問題は結局のところ宗教に帰結するとしたことである。こうした宗教重視は、ヘーゲル及びヘーゲルの批判的継承者だったヘーゲル左派に共通する理論的な大前提だった。

そのため、ブルーノ・バウアーの『ユダヤ人問題』を論評した「ユダヤ人問題に寄せて」でのマルクスの主眼は、バウアーがヘーゲルの絶対精神に代えて中心原理とした「自己意識」が、文字通り精神的な原理であることへの批判に向けられることになった。精神的原理を中心とするバウアーにとって、ユダヤ人問題の核心は当然ユダヤ教という宗教それ自体になる。そのためバウアーはユダヤ人が棄教することこそが、問題解決の主要方法になるとした。

これに対してマルクスは、宗教が原因ではなくてむしろ結果であると見た。この際にマルクスは、特に貨幣に注目する。つまり見えない神ではなく、黄金色の神である貨幣への崇拝こそが、現実生活の疎外の原因だと考えたのである。そして貨幣を求めて徒に致富活動を行い、少数の富裕と多数の貧困で社会を分断させる経済のあり方こそが中心的な疎外の領域であるとした。宗教的な疎外は経済的な疎外の原因ではなく結果である。こうしてマルクスはヘーゲル及びフォイエルバッハとは違った形での疎外論を展開する準備に入ったのである。

つまり疎外を克服するためにはフォイエルバッハのように結果である宗教的意識を変えることでは叶わず、原因である経済のあり方を変えなければいけないという、まさに以降のマルクスの大前提となる立場を明確にしたのである。

そうすると次に問題になるのは一体誰が経済のあり方を変えるのかという、変革の主体である。この問いの答えは黄金色の神への疎外に焦点を定め得た「ユダヤ人問題に寄せて」では未回答だったが、すぐ後の「ヘーゲル法哲学批判序説」では明確にプロレタリアート、つまり賃金労働者だと宣言したのである。

以降マルクスはこの立場、資本主義はプロレタリアートによってこそ変革されるし、社会主義革命はプロレタリア革命でしかありえないという原則を終生堅持した。しかしこれはプロレタリア以外の勢力を物の数には入れないという話ではなく、時と場所に応じてプロレタリア以外の勢力が重要な役割を果たす可能性も排除しない。しかしながらマルクスは、革命の中心には常にプロレタリアートがあることを決して譲ることはなかった。これは社会主義革命の本義がプロレタリアの自己解放にあるからである。プロレタリアは生存のために選択の余地なく労働をしなければならない。

しかし労働はその本来のあり方においては仕方なく行う苦役ではなく、それを通して人間性を発現するはずのものである。だがプロレタリアがプロレタリアである限りは、そうした望ましい労働のあり方を実現できない。従って賃金労働が否定されない限り、人間にふさわしい労働は実現できないのである。

こうして社会主義の実現とは資本主義の中心的な構成要素である賃労働の否定であり、階級としてのプロレタリアの消滅になる。こうした社会主義とプロレタリアのあり方がマルクス以降のマルクス主義思潮では必ずしも適切に理解されなかったという論点はひとまずおくとして、宗教ではなくて現実生活における疎外に問題の焦点を定め、革命の主体をプロレタリア見たマルクスが次に問うたのが、プロレタリアにおける疎外のあり方だった。プロレタリアが主として行うのは労働であり、資本主義における賃金労働である。従って何よりも問われなければならないのが、労働における疎外ということになる。だからマルクスは「ヘーゲル法哲学批判序説」のすぐ後の『経済学・哲学草稿』で「疎外された労働」論を展開したのである。そしてこの疎外された労働論こそが、マルクスの理論的核心であると共に、マルクスの社会主義論を理解する鍵でもある。

ではその「疎外された労働」論だが、マルクスの社会主義構想を概観するという本書の方針に則って、『経済学・哲学草稿』自体への細かいコンメンタールも、マルクスの疎外論全体についての詳細な解釈も割愛し、マルクスの社会主義理解の前提となる部分だけを伝えることにしたい。

9 「疎外された労働」

「疎外された労働」は、『経済学・哲学草稿』第一草稿の後半部分に展開された議論に対して後の時代の編集者が付けた表題である。この第一草稿は独特な体裁を取っていて、原稿を罫線で三分割して、それぞれ労賃と（資本）利潤と地代という、アダム・スミスによって「所得の三源泉」とされた問題についてそれぞれ先行著作の引用を多くしながら同時並行的にノートしていき、その後で罫線で区分けしない通常の原稿のスタイルに戻して、引用した経済学者たちの議論を総括する形でマルクス自身の経済理論を展開するという形になっている。そこが「疎外された労働」の個所で、まさにマルクス自身の経済学が労働疎外論として打ち出される。

引用するスミスのような先行する経済学者をマルクスは「国民経済学者」と呼び、国民経済学者が主題にする経済社会を「国民経済学的状態」と称する。この当時のマルクスには、生産様式の概念が確立していなかった。従って資本家的な生産様式としての資本主義概念も未形成だった。しかしここでいう「国民経済学的状態」は実際には資本主義を意味しており、この言葉を資本主義と入れ替えても、読解に困難は生じない。

そうした資本主義である国民経済学的状態を擁護するイデオローグ（この言葉もまだマルクスは獲得していなかったが）が国民経済学者であり、こうしたイデオローグの理論を批判することを通して資本主義である国民経済学的状態を批判する原理を提示するのが、第一草稿の主眼である。

マルクスはまず、三分割したノートで行ったように国民経済学の前提から出発し、国民経済学の諸前提を受け入れてきたとする。そして自らの批判が国民経済学を外からレッテルを貼って断罪するような外在的なものではなく、国民経済学と同じ対象を説明するに際して国民経済学の不足や欠点を指摘する内在的なものであることを宣言する。その上でマルクスは、国民経済学は私的所有から出発するが、しかし国民経済学はこの前提である私的所有の本質を概念的に把握することはできないと批判する。

この「概念的に把握する」の原語は begreifen で、語幹は greifen という動詞である。greifen は「つかむ」という意味なので、begreifen には何かを「しっかりとつかむ」いう意味が込められている。何をつかむと言えば「真理」で、真理をしっかりつかむことが begreifen にして、「つかまれた真理」が Begriff ＝概念である。

こうした「概念」の理解はヘーゲルに由来するものである。

ヘーゲルは、真理は運動する有機的な全体であって、全体であるがためにその本質をつかむには断片的な情報を寄せ集めるだけでは不十分だとした。存在の本質はその存在を構成する部分が有機的に運動し続ける全体として把握された場合にのみ、その真実を明らかにするとした。従って私的所有の本質はそれが運動する全体としてつかまれた時にのみ、その真実が露になる。そして国民経済学はそうした私的所有の原理を把握することができなかった。それは、国民経済学は私的所有を私的所有ならしめ、その存在を可能にし続けている「私的所有の運動の原動力」を理解することができなかったからではある。

これに対してマルクスはこうした私的所有の原動力を解明したがために、国民経済学の成し得なかった私的所有を begreifen することができたのである。それはつまり、私的所有の本質は「疎外された労働」であり、国民経済学者が私的所有の本質を begreifen できなかったのは、私的所有が労働の疎外から生まれるという事実をつかめなかったということである。これに対してマルクスは私的所有とは労働が疎外されることによって生じるという事実を理解できたために、国民経済学者の成し得なかった私的所有の本質を begreifen することができたのである。このためマルクスは私的所有が疎外された労働から生じるというメカニズムを解明することによって、ここから「国民経済学の全てのカテゴリーを展開することができる」とまで言うのである。

10　私的所有は疎外から生まれる

実際このことは『経済学・哲学草稿』のマルクスのみならず、『資本論』のマルクスにとっても真なのである。

『資本論』は多岐にわたる話題を扱った浩瀚な体系書だが、つまるところは資本とは何かを解明した書であり、資本とは本質的には何なのかという資本の概念規定が全体の議論の前提になる。本書は社会主義入門のため、『資本論』から多く引用して論証するという作業は割愛する（詳しくは『99％のためのマルクス入門』参照）が、端的に言えば資本とは労働者が作り出した生産物でありながら労働者から疎外されて自立化し、逆に労働者を手段として使って無目的な自己増殖活動を行うような運動体としての、疎外された生産手段なのである。つまり資本の本質はそれが疎外された労働生産物なことにある。『資本論』には『経済学・哲学草稿』にはなかった経済理論の新たな展開が多々見られるが、事が資本の本質規定である場合は、その基本認識は同じである。資本とは疎外された労働手段であり、それだからそれを否定し克服しなければならないのである。この基本認識と実践の基本方針に関しては、若きマルクスも成熟したマルクスも違いがない。つまりマルクスは経済学研究を本格的にスタートした時点で自らの批判対象の核心を直ちにつかみ取ったのである。そしてこの初発の核心はマルクスの中で放棄されることなく終生保持された。

また、私的所有が疎外から生じるということは、私的所有を批判するだけでは、資本主義を真実には乗り越えられないことを意味する。そしてこの疎外と私的所有の因果論は、マルクスを同時代の社会主義者や共産主義者と区別するマルクスの独自な理論的貢献でもある。

11 「粗野な共産主義」

マルクスと同時代の社会主義者や特に共産主義者の多くは、否定すべき現状の根本原因を私的所有に見て、私的所有を思い思いの仕方で批判し、私的所有の克服により理想の新社会がもたらされることを展望していた。そうした理論状況を象徴するのが、プルードンの『所有とは何か』（1840年）で提起された、「所有とは何か？　それは盗みである」というスローガンである。

この直截なスローガンが一世を風靡したことが意味するのは、当時の社会主義者や共産主義者にとって私的所有の問題、財産を私的に所有し蓄積できることが、諸悪の根源だと広く観念されていたという事実である。

こうした私的財産の害悪視はもちろん古代ギリシア以来の伝統だが、当時の人々に決定的な影響を与えたのは、ルソーを代表とし、モレリ等の匿名文書に示されていたようなフランス啓蒙主義だと思われる。

マルクスは決して革命的暴力を自明視も目的視もしなかったが、逆に原則的に暴力を否定することもなかった。必要で不可避な場合は確かに、革命は暴力的過程を経ざるを得ないと見ていた。このことは彼がブランキからの影響を隠したり強く否定することがなかったことからも明らかである。

しかしブランキはバブーフやブオナロッティの流れを汲み、少数の精鋭分子による武装襲撃の有効性を訴えていたし、そうした少数の暴力により直ちに理想社会が実現できるかのように夢想していた。しかしこれは明らかに無理な想定であり、階級としてのプロレタリアの成熟を革命の前提条件とする限りでマルクスとブランキは一線を画す。この点はマルクスが当時の社会主義者や、特に財産平等を強調していた既存の共産主義勢力と自己の構想との区分けに腐心する姿勢に通ずる。

マルクスは『経済学・哲学草稿』で自己の共産主義像を積極的に提示する前に、否定すべき反面教師としての既存の共産主義思潮を類型化している。

その中で一番力を割いて批判しているのが「粗野な共産主義」である。この「粗野な共産主義」については既に『99％のためのマルクス入門』で幾分詳しく解説しているのでここでは簡単に済ますが、具体的にどの思潮を指しているかは定かではないものの、この「粗野な共産主義」は恐らくは特定の思想家やグループというよりも、「私的所有を否定する共産主義」に対して、当時の人々、そして残念なことに現代でも少なくない人々が抱いていると思われる通俗的な偏見をやや戯画化した議論だと言えよう。人々が共産主義を忌み嫌うイメージそのままに、およそ所有の対象となりえる物の一切の私的所有が禁じられ、全てが共有されているような社会だとされる。

我々が私的な領域として最も重視し、徒な共有に忌避間を抱く領域と言えば個人的な友情や恋愛といった人間関係であり、特に性愛などが最たるものだろう。それだからこそこの「粗野な共産主義」ではこうした最も私的な領域とされる恋人や夫婦関係でのパートナーシップが否定され、「女性の共有」が行われるのだという。我々が常識とするような、男女が特定のパートナーシップを持続させずに、自由に相手を選んで変えていくというような性愛によって成り立っているのが、こうした粗野な共産主義なのだという。

12　自然家族の解体

当然こうした社会では、我々が普通に想定するような家族は形成されず、伝統的な家族関係は解体されている。

こうした社会のあり方を聞けば我々は直ちに嫌悪感を覚えずにおられないものだし、こうした社会が理想と考えられることは例外だと思うかもしれないが、先にも触れたように、プラトンを代表として、血縁に基づく家族関係を解体して、子供を共同体全体の財産として養育すべきだという理想像は、決して珍しいものではなかった。

こうしたこともあって共産主義者もしくは共産主義に親和的な人々の中では、自然的家族の解体という構想は世間一般の常識のように拒否されるよりも、むしろ好意的に受け止められることが多かった。

ところが共産主義の代名詞であるマルクスその人は、まさにそうした共産主義を粗野なものだと否定した。実は彼は、一貫して我々が馴染んでいるような一般的な恋愛観や結婚観、それに家族観の持ち主だったのである。

実際マルクスは年上で身分違いの貴族という、当時としては慣例に外れる相手だったとはいえ、事実婚とか契約結婚とかではなくて普通に結婚し、ディンクスとかではなくて何人もの子供をもうけるという、当時の常識通りに振舞っていたのである。結婚時点で既に父は亡くなっており、生きていたとしても親の言うことを素直には聞かなかったマルクスである。もとより親類縁者からのプレッシャーなど何物でもない。結婚して子供を作らなければいけないという外的圧力など受けなかった。だからもしマルクスが伝統的な家族の解体をよしとしていたら、結婚して子沢山の家族を築くという、自らの思想を裏切ることはしなかっただろう。

これは皮肉な事実だが、人間の本性や歴史的事例を踏まえれば、家族問題で発揮されたマルクスの意外な保守性は、むしろ適切だったと言える。

資本主義が克服されて人類の前史が終われば、社会のあり方が根本的に変わるとマルクスは展望したが、家族のあり方に関しては根本的な変化はないし変化すべきではないと考えていたということである。

もちろん家族のあり方が変わるべきではないといっても、女性を抑圧したり子供に親への絶対的服従を強いるような家父長的家族は不正であり、両性の平等と子どもの人権を重視する家族のあり方にならないといけない。その意味では伝統的な男性優位型の家族形態は解体されて変わるべきである。ここで変わるべきではないというのはもっと根源的な次元で、親子関係を基本とする自然的な人間関係をも人為的に変更させようとするような場合である。

例えば乳幼児の段階から母子の接触を遮断して自然な親子関係を否定し、どの子供も等しく共同体全体の子として集団的に養育するというような方法は望ましくないということである。

現在の我々の常識ではそんなことは言われるまでもなく当然という気になるが、先に述べたようにプラトンを始めとしてそうした不自然な親子関係をむしろ推奨するユートピア像は珍しくないし、プラトンが範を求めたスパルタでは実際にそうした養育がなされていたのだという。

こうした養育方法は個人の自由を否定して共同体への滅私奉公を当然視するような、それこそスパルタの戦士のような人格を育成するには適しているのかもしれないが、自立した個人を育てるという我々の常識的な教育観とはそぐわない。我々が望む社会主義もまた、『共産党宣言』で謳われているような自由な諸個人によるアソシエーションを目指すのである。そうした個人が十全に育まれるためにはブルジョア的な家父長的家族は解体される必要があるが、親子の情愛を基本とする家族それ自体は解体する必要はない。

ただしマルクスの場合は人間関係の原形となる親子関係は、専ら血のつながった実の親子が想定されている。しかし排他的な特別な愛情を親が注げる子供ならば、養子であっても問題ないのである。

いわゆる先進諸国では基本的に人口増加は頭打ちで、長きにわたる不況からもはや先進国とは言えないという声も多いが、一応まだ先進国とされている我が国でも人口動態の上では近年は減少が著しい。とはいえ地球人口全体としては増加の一方である。こうした現状からすれば、子供はできる限り作るべきではないというのが一般的な指標になる。だが、子供はぜひとも欲しいという人は多いだろう。その意味で、経済的に余裕のある人々は、貧困のために親が育てることができない子供を養子として育てるというのが望ましい。血がつながってなくても、養父母がきちんと愛情をもって育てれば問題なく子供は育つというのは、養子縁組が広く行われている事実によって立証されている。養子の数が増えれば増える程に偏見も減り、養子による親子関係が一般化していく。そうなると人口問題に有益な効果をもたらせるし、実の親がまともに育てられないような不幸な子供も減る。この点では、マルクスの家族論は修正する必要がある。

しかしマルクス以降のマルクス主義の中にはブルジョア的家族のみならず家族それ自体を否定するような思潮も見られた。これはまさにマルクスの否定する粗野な共産主義である。そうした共産主義的家族像はマルクスの歪曲なので、マルクス主義の枠内で主張するのは不当ということになる。そして正しいのは粗野な共産主義ではなくてマルクスである。

求められるのは愛情を金銭に変えてしまうようなブルジョア的な家族や男性の絶対的優位や親へ

の服従を子供に求めるような封建的な家族の解体であって、家族それ自体の解体ではない。そうした人間関係を結婚という制度で保証する必要はないが、お互いの相手を自由に他人と交換することを許さないような、排他的な愛情で結び付いたパートナーシップを否定する必要はない。親子関係もしかりである、誰の親とも子とも分からない共同体のあり方は可能かもしれないが、理想としなければいけない説得的な理由はない。望まれるのは家族をより良いものにする社会であって、家族のない社会ではない。そして後に見るように、マルクスの理想社会とは家族原理が普遍化した社会なのである。

13 「疎外の積極的な止揚」

ともあれ、マルクスが彼の理想社会論を構想するにあたって、予めそうなるべきではない否定的な共産主義像を提起しているのは重要である。マルクスは人類がやがて理想的な社会を築きうると確信していたが、無条件に楽観していたのではなく、陥りがちな落とし穴にはまらないように細心の注意をしないといけないことも強調していた。今風に言えば、ユートピアがディストピアに転化する可能性も想定したわけである。

マルクスにあった慎重論は後継者には受け継がれず、無根拠な楽観に基づく様々な実践が現実社会主義で悲劇的に実現したりもした。ここではマルクスに議論を絞るが、彼がこうした否定的な理想社会の類型化ができたのも、目指すべき理想社会の性格を基礎付ける普遍的な方法論があったたからである。それは理想社会を「疎外の止揚過程」という文脈に位置付ける認識である。

この基本認識はマルクスが社会主義を明確に志向し始めた『経済学・哲学草稿』で既に確立されている。なぜならこの草稿でマルクスは粗野な共産主義とは異なる目指すべき共産主義を「疎外の積極的な止揚」と位置付けているからである。つまり社会主義とはマルクスにおいて、資本主義が生み出す疎外を克服していく過程だとされている。そしてそうした疎外が十分に克服されて、人間にふさわしい完全な形の共産主義に至るとしている。

こうした二段階的な認識は何よりもマルクスの理想社会論の最終的な展開である『ゴータ綱領批判』の初期段階の共産主義と高度段階の共産主義の区分に代表される。この議論を踏襲してレーニンが初期段階の社会主義と発展段階の共産主義に分けて以来、マルクス主義の文脈では通例化した区分となっている。そしてこの段階論的思考はマルクスにあっては、既に『経済学・哲学草稿』で確立した彼の生涯を貫く基本視座である。ただし『経済学・哲学草稿』では後の用法とは異なり、社会主義に当たる段階が共産主義、高次共産主義が「社会主義としての社会主義」となっていて、用語法が逆転している。そのため共産主義が完成形態ではなく、疎外の積極的な止揚過程として、通例の用語法としては共産主義の建設過程としての社会主義に当たる段階として捉えられている。

いずれにせよマルクスにとって目指される社会は疎外のない社会であり、革命後の社会が疎外を無くしていく社会になり得ているかどうかがメルクマールだった。それだから、疎外を無くすどころか資本主義的な疎外を資本主義とは異なる形で拡大再生産するような「共産主義」を、偽共産主義として類型化する問題意識を持てたのである。

そうした偽共産主義の一つである粗野な共産主義は、資本主義の根本原理である私的所有を本質的な次元で批判せずに機械的に否定したために、私的所有原理を資本主義とは違った形で再現している。つまり、マルクスにあってその社会が共産主義であるかどうかは、単に生産手段の私的所有が禁じられているかどうかに尽きないということである。たとえ私的所有が禁じられていても、粗野な共産主義がそうであったように疎外を産み出す社会ならば、その社会は看板だけの社会主義であって、本当の意味での社会主義ではない。

それだから後に詳論するように、旧ソ連東欧のような現実社会主義は、まさに現実社会主義者にとっても究極根拠であったマルクスその人の理論からして、それが実は社会主義ではないことが明確になる。なぜなら現実社会主義は私的所有を禁じてはいたが、その労働過程は資本主義同様に疎外されていたからである。確かに疎外された労働生産物は資本主義のように資本家に搾取されることはなかったが、資本主義同様に労働者は自らの産物を我がものとして獲得＝領有することはできずに、生産物の処遇は資本家ならぬ国家官僚によって決められていたからである。

このように、マルクスの社会主義論の根底には彼の疎外論がある。マルクスのみならず社会主義思潮一般の前提である私的所有の否定が、マルクスの場合は疎外論に基づいて行われているからである。そのため、マルクスの社会主義論を理解するには、疎外された労働生産物の挙動を研究する『資本論』の経済理論同様に、彼の疎外論を理解する必要がある。

14　社会主義論としての疎外論

本書はあくまで社会主義の入門書であって、マルクス自体の入門書でもなければ、疎外論であるマルクスの哲学の入門書でもないので、マルクスの疎外論についての詳しい解説はそれらに譲って、ここでは主としてマルクスの社会主義論を理解するための助けとなる範囲で、彼の疎外論を解説することにしたい。

先に少し触れたように、マルクスに限らず、マルクス以前のユートピアンもマルクス当時の社会主義者やとりわけ共産主義者は、何よりも私的所有を否定することをそれぞれの思想と運動のメルクマールとしていた。マルクス自身も『共産党宣言』で共産主義とは端的に言えば私的所有の否定運動だと明言しているように、先行する共産主義者と共に私的所有の否定に共産主義の核心を見ていた。ところが、マルクスと先行者には決定的な違いがあった。

先行者は近代の社会主義者から古代のユートピアンも含めて、私的所有というか、所有一般にこそ諸悪の根源を見ていた。プラトンの理想国家で所有が厳しく禁じられているのは先に見たが、所有への忌避はプラトンの思想的ライバルだったアンティステネスにより一層強く見られる。

アンティステネスは後に「キュニコス派」と呼ばれるようになった哲学派の始祖で、キュニコス派は「犬儒派」の別名でも知られる。

アンティステネスは師のソクラテスが説いた「魂の世話」により「善く生きる」道を、魂を曇らせ道を誤らせる欲望を遮断する方向に見出した。そしてそうした欲望の根源は突き詰めれば所有欲にあるとした。だから何も持たない乞食のように生きることが最善の道ということになる。

そのためアンティステネスと弟子たちはみすぼらしい身なりで本当に乞食のような出で立ちで街中を徘徊した。その様子を見た人々は彼らをまるで犬のようだと蔑んだ。しかしアンティステネスは怒るどころかむしろ逆に、まさに犬のように裸一貫でいることこそが哲学者にふさわしいとした。

こうしたキュニコス派で最も有名なのはシノペのディオゲネスで、古来から様々に寓話化されている。

このように諸悪の根源を所有に見るのはキュニコス派に限らず、世の東西を問わず多く見られる。既に指摘したように原始キリスト教も所有を否定する傾向は明確で、それだから社会主義思潮の最大の源泉となったのだし、東洋でも仏教を始めとして所有欲は基本的に否定的に見られている。

最も極端なのはジャイナ教で、所有の否定が着衣の拒否にまで行き着いた。だからジャイナ教の出家者は一年中丸裸で過ごす。そのためこうした「裸形派」では女性が出家できないとして、装飾性のない質素な着衣は許容する「白衣派」が派生したのだった。

こうして社会主義の共通指標である私的所有の否定には、それこそが人間にふさわしい生き方だと広く観念されていた所有自体の拒否という哲学や特に宗教の間で一般的な通念があり、そのために社会主義者や特に共産主義者は、それ以上は遡る必要を感じずに、所有を諸悪の根源として当然のように前提していたわけだ。

これに対してマルクスは、私的所有は疎外された労働の結果だとしたのである。生産手段を所有する資本家が所有できない労働者を搾取するのが資本主義なのだから、現象面からみればやはり諸悪の根源は私的所有であり、資本主義批判の核心ということになるはずである。実際旧ソ連東欧のような現実社会主義では生産手段の私的所有が法的に禁じられていて、この事実でもって現実社会主義が自他共に社会主義だということの根拠としていた。そしてマルクス自身も『共産党宣言』で共産主義を「私的所有の止揚」として特徴付けていた。

しかしマルクスの言う私的所有の止揚は、これまでの社会主義者や共産主義者が考えてきたように、私的所有を法的に禁じたりしてただ否定するだけでは成し遂げられない。なぜなら私的所有は疎外の結果なのだから、原因を無くさなければ結果は再生産され続けてしまうからだ。

実際これが現実社会主義で起きたのである。旧ソ連や東欧には資本家はいなかったが、資本主義の資本家の位置に国家官僚が居座り、官僚によって労働者が搾取された。それはこの社会も資本主義同様に労働が疎外されていたからである。原因を取り除かなかったため、私的所有という結果が資本主義とは違った形で現れたのである。

こうしてマルクスにあっては私的所有と私的所有の運動である資本は、初期の『経済学・哲学草稿』から『資本論』まで、一貫して労働者が自らの労働過程から疎外されることによって生じるものとして理解され続けたのである（『99％のためのマルクス入門』参照）。

このため、資本主義の否定である社会主義とその先にある共産主義は、マルクスにあっては常に資本主義の原因である労働の疎外と結び付けられる形で議論され続けた。

こうして社会主義を「疎外の止揚」として位置付けたことこそが、他の論者にないマルクスの独自性であり、理論的に掛け替えのない長所である。本書の主眼もここにある。

つまり本書が主張したいのは、社会主義を疎外論の土台の上に、疎外の止揚過程として説いたことこそが、マルクス社会主義論の卓越性であり、社会主義を考える際には、疎外の止揚という観点を基本視座にしなければならないということである。

これから様々な社会主義思潮が模索されるべきだが、今後の展開にマルクスの理論が決定的な重要性を与えているのは、社会主義をこれまでの共産主義者がそうであったように私的所有の否定でも社会民主主義者が求めた市場経済の合理化でもなく、疎外の止揚という文脈に社会主義を位置付けたことである。これにより社会主義はただ経済システムの問題のみならず、経済を手段とした人間のあり方それ自体の問題として明確に位置付けられることになった。

経済は社会の土台であり、経済の核心は労働過程である。従って労働が疎外されることによって、疎外は必然的に社会の全領域に拡大される。社会全体が疎外されれば社会的存在である人間の実存それ自体が疎外される。このため、疎外された労働の止揚を社会主義運動の主眼とすることによって、社会主義の目的は明確に人間の解放になる。こうしたヒューマニズムとして社会主義を位置付けることにより、社会主義運動の評価基準も明確になる。すなわち、革命勢力が社会主義者を自称していても、その為すことが非人間的ならば社会主義にふさわしくなく、首尾よく革命を成功させて建設できた社会が非人間的ならば、その社会は社会主義ではないということである。言うまでもなくまさに現実社会主義こそがその実証だった。

マルクスは社会主義や共産主義の代名詞なので、その著作で未来の理想社会を多く語っているかと言えば、必ずしもそうではない。とはいえその理由は、エンゲルスの定式化以来通念となった、科学的社会主義者は空想的社会主義者のように未来を語らないというものではない。

実際にはマルクスは通念と異なり、必ずしも多くはないが未来の理想について随所で語っている。ただマルクスはフーリエのように、まるで見てきたように詳細に語ったのでは議論の信憑性が逆に薄れるのではないかというごく常識的な注意をしている。それで、過度に詳細ではないがしかし未来の方向性としては明確に目指すべき理想を語っている。

そのためマルクスの社会主義論を全て解説しようとすれば相当の分量になり、マルクスだけ扱っているのではない社会主義の入門的著作で解説することは不可能である。そこでここでは、マルクスの社会主義論の中で、一般的に代表的な理論とされているものをピックアップして、ごく簡単に解説することにしたい。ごく簡単にするのは、詳細に語ろうとするとそうしたピックアップされた文言に対してだけでも長大なものになり、ここでは語りきれないからである。

15　疎外の止揚による人間の実現

さて、マルクスの社会主義（共産主義）に対する代表的な言及としては、『経済学・哲学草稿』や

『ドイツ・イデオロギー』という初期著作におけるものと『資本論』での有名な文章、そして最終的な完成系としての『ゴータ綱領批判』のゲノッセンシャフト論がある。

これらが全て一貫した視座に基いて展開されているということが、これらの議論を理解する前提となる。言うまでもなくそれは疎外の止揚による人間の実現として社会主義を位置付けているということである。そのためマルクスの社会主義論は内在的な一貫性が貫かれていて、旧説の否定による刷新ではなくて、以前の議論を継承して発展させるという形になっている。『ゴータ綱領批判』は、30年以上前の『経済学・哲学草稿』の継承発展なのである。読者には、この前提を踏まえて、以下の議論を追うようにして欲しい。

マルクスが社会主義論を最初に展開したのは『経済学・哲学草稿』で、その社会主義（共産主義）論は先に述べたように、「粗野な共産主義」のようなあるべきではない共産主義を類型化した上で、あるべき共産主義を明確化するという形を取っている。そして粗野な共産主義があるべきではないのはいうまでもなく、それが疎外の止揚ではなく、この当時のマルクスが「国民経済学的状態」と言い表していた資本主義における疎外の形を変えた再生産に過ぎないからだ。

このためマルクスが望む共産主義は、「人間の自己疎外としての私的所有の積極的な止揚としての共産主義」ということになる。従ってその目標は、人間の自己実現である。

この際マルクスは、共産主義によって実現されるべき人間を「社会的な人間」と言っている。ここで社会的というのは、「人間は社会的存在である」という場合のように、事実としての人間の基本的性格を説明するための記述的概念ではない。同じ『経済学・哲学草稿』で「人間的な人間」というような表現が多用されているように、人間がそうなるべきあり方になって本来の人間らしさを実現できているような、そういう理想的な人間のあり方を指示する規範的概念である。

人間の理想を指し示す規範的概念が社会的人間ということは、人間は人間にふさわしい形で組織化された社会の中に生きてこそ、そのアレテー（アリストテレスの用語で、そのもの本来のよさを意味する。マルクスははっきりとアリストテレスを意識して理論を展開している。）を発揮できる存在だということである。それだから社会主義や共産主義という理想的な社会形態が望まれるのである。

社会主義なり共産主義というような、人間の社会的存在としての面を十全に発揮できる社会のあり方が理想として希求されるのは、そのような社会でなければ人間性が開花できないとマルクスが考えていたということである。それは人間が根本的に社会的存在なためであり、社会性を否定して、他者と隔絶して一人のみでいるのでは、人間は個人としても自己の可能性を実現できないということである。

マルクスは資本主義において労働者の生産物は労働者から疎外され、疎外された労働生産物は労働者ではない人間である資本家という他者に私的に所有され、私的に所有された労働生産物は資本に転化し、その創造主である労働者自身を労働者の意図に反して支配するとした。こうした資本主義のシステムそれ自体が、人間関係が人間にふさわしくなく歪められて組織されることから生じる。それだから個人の疎外を取り除くためには社会を無視して個人のあり方だけを考えても駄目で、個人が疎外されずに自己実現できるためには社会のあり方が変わらなければいけないとした。

しかしこうした思考方法が意味するのは、目的は社会ではなく個人だということだ。個々人が自己実現できることこそが目的なのであって、社会主義や共産主義というのはそのための手段でしかない。

16 「万人の自由な発展」

こうした意見は伝統的なマルクス主義文献に慣れている人々からすれば歪曲だと思われるかもしれない。なぜならマルクス主義とは「ブルジョア個人主義」の対極にある思想だというのが通念だからだ。ところが『共産党宣言』には「各人の自由な発展が万人の自由な発展のための条件であるようなアソシエーション」という有名な言葉がある。

この言葉は理想社会である共産主義の基本性格の概念規定として人口に膾炙されている。しかしこれまでのマルクス主義文献では自明なスローガンのように受け取られ、この言葉の理論内容それ自体は顧みられることが稀だった。

これを素直に読めば、共産主義であるアソシエーションの目的は「万人の自由な発展」ということになる。全ての人が自らの可能性を十全に開花できることが目的なのだ。それは各人が遍く自己実現できるということであり、個人の自己実現が目的だということだ。つまり目的は個人なのである。この「万人の自由な発展」が何か個人と対立する全体や集団を模範としたものでないことは、それが「各人の自由な発展」を前提条件にしていることからも明らかである。かつての現実社会主義諸国では全体のために滅私奉公できるような人間像を新たな理想社会の人間類型のように宣伝していたが、滅私奉公では各人が自己実現して自由に発展などできないのである。

要するにマルクスの理想は旧来のイメージとは反対に、個人を目的とした、その意味では「個人主義」的なものなのである。

しかしそうすると、ではマルクスはブルジョア個人主義者なのかという非難の声も出てくる。

確かにマルクスは決してブルジョア個人主義者ではなく、ブルジョア個人主義が体現しているような、通俗的な意味での個人主義者でもない。

マルクスといわゆる個人主義との異同は、個人を目的にしている点では同じだが、そうした個人を社会とは切り離さず、個人の自己実現と社会全体の向上を相即的に捉えるという点にある。まさに各人が自己実現できることが前提条件となって万人が自己実現できるのである。個人さえよければ全体はどうでもいいということもなければ、全体のためには個人的な欲は捨てよというスターリン時代のソ連に典型的に見られたようなプロパガンダでもない。

これに対してブルジョア個人主義は、その名の通りブルジョア社会のイデオロギー的表現のため、資本の論理原則と軌を一にする思想となる。資本が社会全体の調和的発展など考えることなしにひたすらに利潤追求をするように、ブルジョア個人主義は社会全体のあり方など考慮せずに、自分さえよければいいという閉鎖的な思考様式に陥る。同じように個人を重視しているといっても、マルクスと異なるのは明らかだろう。

しかしこのことはまた、マルクスの求める共産主義的理想が、非常に高邁でユートピア的な困難さを伴わざるを得ないものであることも意味する。

なにしろ全員の自己実現が、誰の自己実現も犠牲にすることなしに可能となるような未来像だからだ。人類社会の前史に生きる我々には、こうした理想は突拍子もない空想のように思える。なぜなら我々は、夢とは限られた一部の者のみが実現できる奇貨だと思い込んでいるからだ。

我々の社会では、富は貧困と裏腹である。競争に勝ち抜いて成功した者の裏には必ず敗者がいる。勝者は希少な資源を独り占めするか存分に受け取り、敗者は全てを失うか僅かしか受け取れない。人類の前史での自己実現とは一般に、他者の自己実現を犠牲にして成し遂げることができるものになっている。

こうした社会に生きる我々からすれば確かにマルクスの理想が高邁に過ぎるように見えるし、実際マルクスの構想にユートピア的な夢想性があるのは、素直に認めておく必要がある。しかしだからと言って、マルクスの理想がフーリエ的な突拍子もない空想というのは当たらない。

マルクスの求める理想社会では搾取が無くなり、各人が必要最小限に自ら求めて労働するだけで豊かな生活が保障されている。こうなった場合、そうした社会に生きる人が求める夢のあり方は、人類前史の人々の思考とは大きく変わっていると考えるのが自然だ。

前史に生きる我々の夢は、その多くが経済的成功と関連している。地位と名誉は、常に経済的成功と結び付き、それだからこそ求められる。だからそうした社会的地位は、それを求めても得られなかった敗者の犠牲を前提とする。しかし共産主義的な理想社会では、各人の生活は既に高い水準で保障されている。我々の社会でのように他と比べて秀でることに傾注する意味がなくなる。頑張って受験勉強していい大学に入り、一流企業に就職して安定した高収入を求めたり、はたまた一発逆転を狙って起業してブルジョアになることを夢見るというような思考パターンは消失するのである。

そうなると人々は基本的にゆったりと自分なりのペースで自己の可能性を開花させることができる。他者と競争して人より秀で、地位を独占するというようなブルジョア的な夢の実現方法を取る必要がなくなる。個人の自己実現が他者の自己実現の妨げになるような競争原理は克服されている。

全員の生活が保障され、貧困が完全に消失した共産主義では、こういう豊かで余裕のある生活原理に社会全体が包まれている。こうした社会にあっては個人の発展と全体の発展がブルジョア社会や現実社会主義のように排他的に敵対することなく、相互前提的な調和関係にあるはずだろう。だとしたら『共産党宣言』のスローガンは、空疎な題目でも突拍子もない夢想でもなく、まさに共産主義的な理想の本質を宣言したものだと言える。

こうしてマルクスの目指した理想である共産主義は、それ自体が目的として目指されるものではなく、個人の自己実現という目的が容易に達成できるような社会的条件としての手段として求められたのである。

このことはまた、マルクスが資本の本質を疎外された生産手段であり、資本は生産手段として生産された生産物が生産の主体である労働者自身から疎外されて、労働者自身の産物として労働者が獲得できない結果として生じるとしていることと深く結び付いている。資本の原因が疎外なのだから、資本主義の否定としての共産主義の核心もまた「疎外の止揚」にならざるを得ない。そしてこのことはまさに、労働者である個々人が自己の疎外を克服できているか、個人が疎外されることなく労働を行い、その結果として自己実現ができるかということに共産主義の核心があることによる。

マルクスがこのように理想社会を「疎外の止揚」という文脈に位置付けるのは、その若き日から晩年に至るまで一貫している。マルクスの社会主義論は、彼が社会主義＝共産主義者になった最初期の論考である『経済学・哲学草稿』から、彼の理想社会構想の最終形である『ゴータ綱領批判』まで一貫している。彼は一貫して、個々人が自己の生産物から疎外されて自己実現が妨げられないような社会条件として来るべき理想社会を提起していた。そのためマルクスの社会主義論を理解するためには、全議論の前提となる疎外論が最も具体的に打ち出された『経済学・哲学草稿』の社会主義及び共産主義論を改めて理解しておく必要がある。

17　労働の疎外の積極的止揚

『経済学・哲学草稿』の共産主義論については「粗野な共産主義」の説明で、あるべきではない共産主義の否定形として望ましい理想社会が提起されていることを触れておいた。それは「私的所有の積極的な止揚」としての共産主義だが、望まれる共産主義がなぜ私的所有の否定なのかと言えば、私的所有が疎外の結果として生じるからである。

この場合の疎外とは労働の疎外であり、労働の疎外とは労働者の生産物が労働者自身に獲得（Aneignung）されずに、労働者にとって疎遠（fremd）なものになることである。こうしてマルクスは常に獲得（Aneignung）と疎外（Entfremdung）を対概念として用いて、獲得が疎外されることによって、疎外された生産物は労働者以外の他者によって所有されるとした。この所有のあり方が私的所有であり、疎外された生産物を私的所有する資本家が今度は労働者自身の労働力を買い入れて所有することによって、労働者を生産のための手段として客体化し、客体化された労働過程を用いて資本蓄積を行う社会が資本主義だとした。

この際マルクスが、労働とはその抽象的な意味において労働者自身の本質の対象化だとしたことに、彼の議論全体の基本性格を決定するような重要な意味がある。

労働はその具体的なあり方においては労働者が自らの労働力を支出して使用価値を形成する過程である。そうした労働が同時に人間の本質の対象化だということは、それが疎外されることによって労働者はその人間性それ自体をも疎外されてしまうということを意味する。ということは、資本主義とは労働者が自らの人間性が奪い取られることを前提にして成立しているシステムということになる。ここから、そうした人間性を奪い去るシステムは許されないし、そうしたシステムは悪として批判され、実践的に転覆されるべきだという価値判断に導かれるのはごく自然なことである。

これが、マルクスが資本主義を批判した理由である。マルクスが資本主義を批判したのは、単に貧富の格差を産み出すからではない。それだけならば、資本主義のままで事後的に分配を調節すればいい。既にマルクスは『経済学・哲学草稿』でも、所有を批判しながら実際には市場と私的企業を容認するプルードンの社会主義政策を「給料の平等」と位置付け、そうした給料の平等は労働者を「抽象的な資本家」にするだけで、労働者を真に解放することはないと喝破していた。

つまり、求められるのは単なる物質的な富裕だけではなく、物質的な豊かさを前提にした上での人間性の自己実現である。それだから、資本主義を否定する運動としての共産主義は、労働者の自己疎外の積極的止揚になるのである。

ということは、マルクスにあって社会主義とは、その本質において経済システム以上のものである。その目的はむしろ個々人の自己実現なのだから、個々人が実現できるための条件として求められるのが社会主義なのである。

ここから、仮に資本主義のような搾取がなくなり、個々人が等しく物質的富裕を享受している社会であっても、そこにおいて個々人の自由が悉く抑圧されているような社会は、マルクスにあっては社会主義とは言えないことになる。

こうしてマルクスはその若き日から一貫して彼の求める理想社会を、個人の自己実現という観点、しかしその個人はブルジョア個人主義のように孤立した個人ではなく、アソシエーティヴに連帯した諸個人がお互いを目的にしてそれぞれが自己実現できるようなユートピア状況として展望した。

18　人間的感覚の解放

そのためマルクスは、既にそうした社会主義への基本観点の確立した『経済学・哲学草稿』で、個人の五感や意志や愛といった人間的感覚を解放させることをも求めている。「五感の形成はこれまでの全世界史の一つの事業である」と若きマルクスは言う。これは一体何を意味しているのか？

五感というのは身体の性質であり、身体の性質である限り、世界史を超越した普遍性を持っているはずだ。世界史が始まって1万年も経っていないが、1万年前の祖先も現在の我々も身体の基本構造は同じである。この意味では五感というのは世界史の事業ではない。しかし人間は常に特定の時代と社会の中に生きていて、自然的身体の感覚もその属する社会によって強く影響されざるを得ない。

例えば我々は走る際に腕を交互に大きく振って体をよじらせるが、こうした動きは近代以前の日本では一般的ではなかったとされる。江戸時代の庶民は我々が普通にできる単純な動作を、しかし我々のようにごく自然にできなかったというのだ。考えてみれば我々も小学校で走り方を習ったのであり、周りの大人も子供も普通に走っているので、そうした環境の中で自然に走り方を身に着けたのである。

同じように我々は自然に音楽を楽しむことができるが、これは西洋音階を幼児期から聞かされ教え込まれているからである。やはり小学校で、ピアノの音と共に起立して礼をさせられたが、これまた西洋音階を刷り込ませる一つの方法だったのだろう。一言で音楽鑑賞と言ってもその内実は多様である。ミリオンセラーが連発されるジャンルの音楽は比較的馴染みやすい音作りがなされているが、モダンジャズなどは聴き込まないとその良さが分からなかったりすることも多い。高度なアドリブを楽しむためには、ある程度は耳が肥える必要があるわけだ。

当時にジャズはなかったので何らかのクラシック音楽を念頭に置いてのことだと思うが、マルクスも「非音楽的な耳にはどんなに美しい音楽でも何らの意味もなく、何らの対象でもない」と言っている。対象というのは人間的本質を発現させる契機なので、対象ではないというのはそこにおいて人間の本質が実現できないということである。つまり音楽を楽しめるように陶冶されていない耳には、音楽という契機において人間らしい楽しみが実現できていないため、音楽が対象になっていないのである。

当然これは音楽や走ることのような身体操作だけではなく、人間の感覚全般において言えることである。人間の身体自体が、社会的に形成されるのである。それだからマルクスは、「社会的人間の諸感覚は、非社会的人間のそれとは別の感覚なのだ」という。

人間は社会的存在であるため、人間にふさわしい感覚は社会的感覚であり、非社会的感覚は人間にふさわしくない。この場合、社会的感覚にいう「社会」を、事実として存在する社会としてのみとらえたら、「非社会」は直ちに非人間ということになる。こうなるとここでマルクスは、人間の感覚は人間以外の存在とは異なるという当たり前のことを言っているに過ぎなくなる。

だからマルクスが使う社会という概念は単に事実を示すのみではなく、事実がそうなるべき理想としての規範を指し示す規範的概念としても使われる。そのためここでいう社会的人間はむしろ「人間にふさわしい社会における人間」というような意味の規範的概念であり、共産主義的な人間である。それだから非社会的人間とは人間にふさわしくない社会における人間であり、我々のような現行の資本主義社会に生きる人間である。だから社会的人間の諸感覚が非社会的人間のそれとは別の感覚だという時、それは共産主義に生きる人間は資本主義に生きる人間とは違った感覚になっているということを意味する。

労働という人間の本質的な活動における対象化が、資本主義においては疎外されるからである。本質の対象化が疎外されるから、感覚も疎外され、ひいては人間性全体が疎外される。だからマルクスは、資本主義を脱して、対象化が疎外されることなく実現する社会になることを望むのである。「人間的本質の対象化」が「人間の諸感覚を人間化する」ために必要なのである。

こうしてマルクスにとって、社会主義や共産主義というのは単なる社会システムの問題ではない。社会としてのあり方はむしろ手段で、目的は「人間的本質の対象化」、つまり個々人が疎外されることなく自己実現できることである。

このため、マルクスの社会主義論の延長線上である社会が社会主義であるかどうかを判定するためには、システムのあり方という形式のみならず、そこで生きる人々が人間にふさわしい生を生きられているかということが決定的な基準になる。当然、現実社会主義はシステムの問題だけではなく、むしろ目的としての個々人の生を決定的に疎外する社会であり、マルクスの理論からすれば本質的に社会主義ではない社会だった。

19　分業の否定

こうしてマルクスの社会主義論は、その出発点である『経済学・哲学草稿』から最終形の『ゴータ綱領批判』まで、一貫して個々人の自己実現を目的として設定し、資本主義的な桎梏から人間が解放される条件として構想されていた。マルクスは『経済学・哲学草稿』に先立つ「ユダヤ人問題に寄せて」で、ラディカル（根源的）な解放としての人間の「普遍的解放」を求めていた。この「ユダヤ人問題に寄せて」におけるラディカルで普遍的な解放の具体的な社会条件として構想されたのが、『経済学・哲学草稿』の共産主義論だった。

しかし『経済学・哲学草稿』での理想社会論には決定的な不足があった。労働を疎外する資本主義の否定である共産主義が「疎外の止揚」となるのは論理的に導き出せる。では何をもってすれば労働の疎外が克服されたと言えるのか？

問題を解決するためには問題の原因を解明しないといけない。労働の疎外が資本を産み出すのならば、労働が疎外されないようにすればいい。しかしそのためには疎外の原因が分からないといけない。『経済学・哲学草稿』ではその原因は分からなかったのである。

だが、すぐ続く『ドイツ・イデオロギー』で、疎外の原因は「分業」だと明言されることになる。しかしこのことは、その後のマルクス研究において大きな課題をもたらすことになる。

分業というのが人間社会にとって重要な意味を持つのは言うまでもないだろう。分業というのは一般に作業工程を分割することであり、細分化が進むほど生産効率は向上する。その意味で分業は文明社会の基本である。そのためアダム・スミスは『国富論』の冒頭でピン製造を例に取り、文明発展の基本が分業にあるのを強調したことは有名である。

マルクスははっきりとスミスの認識を継承し、分業を「これまでの社会発展の主要契機」（『ドイツ・イデオロギー』）とまで高く評価する。

しかし分業は作業を細分化するという点では、細分化された工程は単純作業になり、単純作業に従事する労働者の人間性は蝕まれる。この点はスミスも意識して、既に分業の否定面を指摘していた。しかしスミスにあっては分業それ自体を否定するという観点はなく、分業によって強制される単純作業によって精神的発達が妨げられる労働者を教育で救うという弥縫策しか示せなかった。マルクスからすれば労働は人間的本質の対象化なのだから、労働の結果として起きる疎外現象は、労働のあり方自体を変えない限り解決できないのである。

だからマルクスは分業そのものの廃止を求めたのである。それだから、疎外の止揚として求められる共産主義社会は、疎外の原因である分業のない社会として展望される。

この場合の分業は、作業場内部の工程分割という意味のみならず、社会全体の規模で生産が分断されている状態全般にまで広く考えられている。そのためマルクスが想定する分業には都市と農村の対立も含まれるし、肉体労働と精神労働の対立は、代表的な分業の弊害になる。

こうして分業によって労働が疎外され、疎外された労働の具体的展開の中で、都市が農村を搾取するような社会大的規模の分裂が生まれたり、本来は精神と肉体の両面を全面的に発達させる手段であるはずの労働が、どちらか一方に偏ることを強制されることによって逆に人間性を蝕む契機に転化してしまう。だから分業を無くして疎外を克服するというのが、マルクスの基本方針となる。

しかしそうすると、疎外が無くなると共にそもそも生産力も喪失して、文明自体もなくなってしまうのではないか？　なぜなら分業とは生産力の前提であり、これまでの文明発展の主要契機のはずだからだ。

実際『ドイツ・イデオロギー』では、分業の否定が文明自体の放棄を意味するかのような、有名な文章がある。

労働が分割され始めるや否や、各人は一つの特定の排他的な活動範囲に押しつけられるようになり、そこから出ることができなくなる。彼は猟師、漁夫、または牧夫、あるいは批判的批判家のいずれかであり、そして彼が生きるための手段を失ないたくないならば、彼はいずれかであり続けなければならない。――これに対して共産主義社会の中では、各人はどこまでも排他的な活動範囲を持たず、好みにかなうどの分野においても自已形成をすることができるのであり、社会が生産全般を統制しているのである。そして私にとっては、まさに生産の社会的統制によって、今日はこれをし、明日はあれをすること、朝には狩りをし、昼には釣りをし、夕には家畜を追い、そして食後には批判をすることが可能になり、私は猟師・漁夫・牧夫、あるいは批判家にならないという率直な欲望を持つことができるようになる。

一読してここで描かれる共産主義社会が文明を否定した牧歌的な田園コミューンのように描かれているかのような印象を与えるというのが、問題の焦点である。

それは分業が否定された共産主義で行う労働が、狩りや釣り、それに牧羊のような、いかにも田園的なイメージで描写されているからである。ところがこの箇所は実は、いったん「靴屋」、「庭師」、「俳優」と書いた後で抹消して書き直したのである。もしここの個所を抹消せずに、朝には靴屋になり、昼には庭師になり、夕べには俳優になるのだったのなら、誰もこれを田園幻想のように思いこみはしなかっただろう。そうではなくて、ここで言いたいのはただ多面的な活動ができるようになるということだと、誤解なく伝わっただろう。

実際これは田園共産主義宣言でも何でもない。なぜならこの共産主義は「社会が生産全般を統制している」ような高生産力社会だからである。この生産力の社会的統制という前提条件が強調されているのに、なおここでマルクスとエンゲルスが低生産力の田園コミューンを描いていたと勘違いされたのは、「分業の否定」ということと、一日に色々なことができるということの真意が後世の解釈者に伝わらなかったからである。

それはマルクスやエンゲルスのような19世紀ヨーロッパの知識人と現代の我々との基礎的な教養の違いである。

当時の知識人にとっての前提的な教養は古代ギリシアとローマの古典である。そして古代ギリシア人が思い描いた理想も、当然のように一般常識として知られていた。それは「カロカガティア」

という、日本風に言えば文武両道に優れた普遍人である。同じ日本の伝統で言えば、「一芸に秀でる」とか「その道を究める」というのは、決して理想としてイメージされていないのである。

そうすると、この文章でのマルクスそしてエンゲルスにとっては、真面目に田園コミューンを描こうという意図などなかったということになる。彼らからすれば、共産主義は資本主義の発展的解消なのだから、それが資本主義よりも物質的に豊かな世界なのは当然の前提で、その上で彼ら及び同時代人にとって馴染み深い古典的理想を言おうとしたに過ぎない。その際に、まさか後世の解釈者に誤解されるなどとは思わずに、軽いユーモアとして、狩りや釣りのような牧歌的イメージを利用したに過ぎないというのが真相だろう。

従って「朝には狩りをし、昼には釣りをし、夕には家畜を追い」というのは、ただ色々なことができるということを言いたいだけで、その実例はどうでもいいのである。マルクスもエンゲルスも、軽い気持ちで書いたところが大真面目に受け取られてあらぬ誤解を与えると分かっていたら、決して一旦書いたものを書き直したりはしなかっただろう。

20　疎外されない労働

しかしそうすると、「分業の廃止」というのは、決して「作業工程細分化の禁止」を意味しないということになる。なぜならばそういう普通の意味での分業の禁止ならば、まさに「生産の社会的統制」のような高生産力社会は維持できないからであり、資本主義文明の高次止揚という、唯物史観の大前提と矛盾するからだ。

だからマルクスの言う分業の否定は、通常の意味での分業の否定ではなく、その結果として労働の疎外を生み出さないような労働の組織化のあり方である。

この点でもマルクスは迂闊だった。マルクスからすれば、「分業の廃止」といっても、作業工程の細分化とか効率的な工程の組織化というような、生産力の前提となるような意味での分業を辞めると言ってると受け取られるとは思ってもみなかっただろう。しかし古典的普遍人の理想が常識化されていない後世の解釈者には、通じなかったのである。

こうしてマルクスの分業否定論の主旨が明確になった。それは疎外の止揚である共産主義で実現される人間性の理想が、全体的な普遍人だということである。共産主義で実現される人間が、資本主義のように分業によって一面化されることのない人間であることが、マルクスの議論の核心なのである。

そしてこれは初期マルクスに固有の理想ではなく、『資本論』の全面発達論に直結するマルクスの一貫した理想的人間像である。

それだから、資本の原因が疎外であることを明確にした『経済学・哲学草稿』で、では疎外されない労働とは何になっているのかという話になるのだ。

マルクスの言う疎外は Entfremdung の訳であり、反対概念は Aneignung である。Aneignung は労働生産物が疎外されることなく我がものとできるという意味での「獲得」である。そしてマルクスは一貫してこの両概念を対にして使っている。ところが、これまでのマルクス研究者の多くがこの事実をつかむことができなかったため、翻訳においては初期著作では獲得だが、『資本論』やその準備草稿では「領有」や「取得」と訳されるのが通例だった。しかし同じ言葉であり、その用法も一貫して、疎外されずに、奪われて他者の物となることなく我がものとできるという意味である。

『資本論』第1巻第22章第1節のタイトルにあるUmschlag der Eigentumgesetze der Warenproduktion in Gesetze der kapitalistischen Aneignungは一般には「商品生産の所有法則の資本主義的領有（取得）法則への転回」と訳されるが、見られるようにここで領有または取得と訳される言葉の原語はAneignungであり、これを初期マルクス文献と統一させて「獲得法則」と訳しても何ら問題ない。

実際この法則の核心を伝える文章の中で、この転回により資本家と労働者の交換関係は、流通過程で労働者が資本家に労働を提供して賃金を受け取るという外見的な形式に過ぎないものとされている。一見したところ単なる商品交換一般としての等価交換が行われているに過ぎず、そこには何らの不正もないように見える。しかしこうした形式的な外観は真実ではなく「仮象」に過ぎない。仮象的形式ではなく本質的内容は、流通過程ではなく生産過程で行われている労働力の搾取である。こうした真実が隠蔽されていることをマルクスは「内容そのものとは疎遠になった、内容を神秘化するに過ぎない単なる形式」と言っている。内容そのものから疎外されることによって内容が形骸化され、真実が隠蔽されるのである。つまりここでマルクスが、労働が自分自身から疎外されて、対象化した自己の本質である労働生産物が獲得できなくなりむしろ資本家のものとなってしまうという『経済学・哲学草稿』の疎外論を、等価交換という形式的な正義の下に行われる労働力の搾取という実質的不正の告発という形で、より洗練して深める形で再論しているのである。

こうして疎外論は、労働力搾取の批判というマルクスの経済理論それ自体の前提的枠組みである。それだから労働力の搾取によって成り立つ資本主義を否定する社会主義の本質は、それが疎外を止揚して行く過程にあるということである。そしてそうした疎外の原因が分業なのだから、社会主義の前提は分業を廃止し、分業に囚われない人間のあり方を実現する社会ということになる。しかし社会主義は現実的な社会のあり方としては資本主義によってもたらされた文明化作用としての高次生産力を継承して一層発展させることだから、ここにいう言う分業は生産力の前提である作業分割一般ではなく、疎外を生み出すような特殊な分業のあり方である。その正確な定義はマルクスによってなされなかったが、マルクスが例示する肉体労働と精神労働の対立のような、まさに個々人の自己実現を妨げるような労働の組織化の様々な具体層が、疎外の原因として退けるべき分業のあり方ということになろう。

このようにマルクスの社会主義論は、『ドイツ・イデオロギー』以降は常に分業批判を前提し、分業否定を出発点にして議論が展開されるのである。それだからマルクス社会主義論の最終到達点である『ゴータ綱領批判』でも、分業の克服は変わらず前提されているのである。

21 「労働そのものが第一の生活欲求」に

マルクスが亡くなるのが1883年なので、1875年の『ゴータ綱領批判』は晩年の著作と呼んでいいと思うが、その社会主義ないし共産主義論は、1867年の『資本論』第1巻と共通するところもあれば異なるところもある。当然マルクス最初の社会主義論である1844年の『経済学・哲学草稿』にはない具体性を持って叙述されており、マルクスの認識の深化が反映されている。ところがその議論の大前提は、『経済学・哲学草稿』と同じである。それは理想社会を段階分けするという基本観点である。

『経済学・哲学草稿』でマルクスは資本主義的疎外社会の反転として、目指すべき理想社会を疎外の止揚として位置付けた。この際、共産主義とは疎外を克服する「エネルギッシュな原理」であり、疎外を克服する過程そのものだという位置付けである。ということは、共産主義とは理想を実現する過程であって、共産主義そのものは人類発展の目標ではないとされる。

目標とされる社会は「社会主義としての社会主義」というもので、この社会に生きる「社会主義的人間」にとっては、意識において人間を疎外する宗教を否定するための無神論の啓蒙というような意識変革も必要なければ、資本を生み出す私的所有の否定という運動＝共産主義も必要なくなっているというのだという。問題が否定し尽くされれば、直ちに肯定から出発できる。つまりマルクスは、その社会主義論を最初に考えた時から、否定過程としての初期段階と、否定が無用になった完成型としての後期段階を分けているのである。

同じように『ゴータ綱領批判』でも資本主義から脱して生まれたばかりの共産主義と「発展した共産主義」とを区別している。マルクスは理想社会としての共産主義＝社会主義を初めて説いた時からその最終的な構想に至るまで、一貫して段階を分ける思考をしている。そして『ゴータ綱領批判』でもまた、発展の基準を分業の有無に見ている。すなわち「諸個人が分業に隷属することがなくなり」、それにより「精神労働と肉体労働の対立がなくなる」ことが、共産主義が低次から高次に発達したことの証となるのである。

ここ『ゴータ綱領批判』で分業の克服が求められるのもだから、『ドイツ・イデオロギー』と同じ理由からである。

分業が無くなることにより、労働が生存のための仕方ない苦役ではなくなり、「労働そのものが第一の生活欲求」になる。つまり「共産主義社会の中では、各人はどこまでも排他的な活動範囲を持たず、好みにかなうどの分野においても自己形成をすることができる」(『ドイツ・イデオロギー』)。そしてそうした労働も目的は言うまでもなく、排他的な活動範囲を脱することができた「諸個人の全面的な発展」(『ゴータ綱領批判』)なのである。

そしてマルクスは、そうした諸個人の全面発達と共に「彼らの生産力が増大」し、「ゲノッセンシャフトリヒな富の源泉が一層豊かに湧き出る」ようになった時に「ブルジョア的権利の狭い限界を突破」して、「各人はその能力に応じて、各人はその必要に応じて」という有名な言葉が実現する社会に到達できるのだという。

22　「脱成長」ではない

ここで理想社会の実現に「生産力の増大」が前提されているということは、『ゴータ綱領批判』にもまた、生産力発展が生産関係の変革を促すという唯物史観の基本原則が貫かれているということの証拠である。そのため、この時期のマルクスが唯物史観の原則を曲げて脱成長論の類を唱え出したとか、ましてや唯物史観それ自体を捨てたというような一部に見られるような解釈は無理筋な曲解と言わざるを得ない。しかしこのことはまた同時に、マルクス主義に浴びせられる定番的な非難の論拠ともなりうる。

それはまさに脱成長の議論に示されるように、生産力の増大が変革をもたらすという考えは、地球環境の有限性を考慮に入れていない時代遅れの成長至上主義だというような批判である。

この批判には確かに一理ある。いかに優れた理論を提起していたとしても、なおマルクスは200年以上前に生まれた19世紀人であるには違いない。マルクスは資本の利潤追求による環境破壊を告発していたが、それはあくまで局地的な公害なのであって、今日の温暖化問題のように地球全体規模での環境問題の視座など、持ちようもなかった。地球大規模の深刻な環境破壊によって、人類の存続自体が脅かされるなど、マルクスは思いもしなかった。その意味で、マルクスその人の問題意識は明らかに現代にはそぐわない、時代遅れなところがある。

しかしこれは当然だ。マルクスにせよ誰にせよ、時代の制約からは逃れられないだけである。そうではなくて、マルクスは既に今日の地球環境問題を予測していたとか、マルクスの理論がそのまま現在の環境問題解決への具体的な処方箋になるなどというのは、マルクスをノストラダムスのような予言者の類に神格化する迷妄である。マルクスの理論はエコロジカルであるが、エコロジーがマルクスの主要な問題関心なのではない。マルクスから現在の環境問題解決へのヒントを得ようとするのは有益だが、マルクスに今日の環境問題への具体的回答を求めようとするのはアナクロニズムである。

この意味で、『ゴータ綱領批判』にまで貫かれる生産力発展を梃子とする社会変革観と、生産力の高度発展を前提とする理想社会構想に、時代的な限界を見るのはあながち間違いではない。しかしマルクスはエコロジストではないが、その理論には確かにエコロジー的要素がある。そこで、マルクス自身が明示しなかったそうしたエコロジカルな要素を、拡大解釈になっている可能性を踏まえつつ、生かすことはできないかということになる。

そして実は今取り上げた『ゴータ綱領批判』の個所にも、こうしたエコロジカルな思考が含意されているのではないかということである。

確かにここでは生産力が増大して富の源泉が泉のように豊かに噴出すると言っている。ここだけ取れば前時代的な成長礼賛と受け止められるのは無理もないし、実際マルクスを支持する者も批判する者も等しくそう考えていた。しかしここで湧き出るとされているのは物質的な富一般ではなくて「ゲノッセンシャフトリヒな富」なのである。ここに何か一つの大きなヒントが隠されてないか？

ゲノッセンシャフトというのは協同組合のことであるが、問題なのはマルクスが「ゲノッセンシャフトリヒな、生産諸手段の共有に基づく社会」というように、ゲノッセンシャフトを社会全体の基本性格を表す言葉としても使っていることである。

もちろんこれは深読みのし過ぎで、ここでマルクスが直接の批判対象としている『ゴータ綱領』草案のように単に協同組合のみを指す形容詞として使っている可能性もある。しかしだとしたら、同じように形容詞系で使われている「ゲノッセンシャフトリヒな富」のように、その社会の生み出す富の基本性格を示唆するような、社会の本質を表すかのような用法は注意深く避けられ、名詞形を用いて「協同組合の富」というように、誤解の余地を与えない表現が用いられただろう。何しろ問題になっているのは綱領であり、一字一句もおろそかにできない厳密な表現が求められる。実際マルクスは「労働収益」のような他の概念についてはそうした細かい議論をしている。

実は具体的な社会組織を表す言葉が社会全体の性格までも示す言葉まで拡大的に転用されるのはこのゲノッセンシャフトだけではない。「アソシエーション」という言葉も同様に使われている。

アソシエーションはゲノッセンシャフト同様に組合を指す言葉だが、人々が連帯している様を示すような「アソシエーティヴ」という形容詞形でも使われ、共産主義社会それ自体もアソシエーションになる。共産主義は『共産党宣言』で「各人の自由な発展が万人の自由な発展のための条件であるようなアソシエーション」とされているが、ここでの「アソシエーション」が「協同組合」ではカバーしきれない広がりを持っているのは明らかだろう。

協同組合という言葉が社会全体の基本性格を示すまで意味が拡張されるのは、ここで問題になっているのは消費協同組合ではなくて生産協同組合だからであり、消費ではなく生産のあり方がその社会の基本性格を規定するというのが、唯物史観の大前提だからである。

従って『ゴータ綱領批判』のゲノッセンシャフトは、以前の著作で愛用されていたアソシエーションと基本的に同じ意味だと考えていいと思われる。

では全く同じ意味かと言えば、それは早計だろう。

マルクスが組合を意味する際にアソシエーションではなくゲノッセンシャフトを用いたのは、『共産党宣言』と異なり『ゴータ綱領批判』の時点ではゲノッセンシャフトという表現が一般化していたというのが第一だろう。そのため批判対象である『ゴータ綱領』の草案にもゲノッセンシャフトが採用されており、それをそのまま踏襲したということになる。

しかしそれが一般的で、吟味対象の文書にも用いられているという理由だけでマルクスが採用したというのはあり得ない。なぜなら『ゴータ綱領』の鍵概念であり、当時の労働者にも馴染み深い労働収益という概念の使用を、自分とラッサールが混同されるという理由でマルクスは厳しく戒めているのである。

だからマルクスは一般的であるとか分かり易いという点や検討文書にも使用されているという理由だけで基本概念を用いることはない。その概念が理論的に適切だから用いるのである。

だとしたらゲノッセンシャフトでなくて馴染み深いアソシエーションでいいはずであり、ここでマルクスがアソシエーションを用いない理由が見いだせない。「アソシエーーティヴな富」で問題ないのであり、むしろそうしておけば誤解の余地なく、ここで『共産党宣言』以来繰り返してきたメッセージを伝えられる。

ということは、敢えてアソシエーションに換えてゲノッセンシャフトを用いている考えるのが、自然な解釈ということになろう。それはつまり、ここでマルクスは『共産党宣言』と共通するが『共産党宣言』にはないプラスアルファを付け加えようとしたということだ。アソシエーションという言葉を使っても大過ないが、ゲノッセンシャフトという言葉を用いることによってより適切に真意を伝えられる。だから敢えて使ったのである。

23　アソシエーションとゲノッセンシャフト

だとするとその意図も明確で、アソシエーションの核となる意味内容をより強調したいがために使ったということである。どういうことか？

アソシエーションはマルクスにあってはコンビネーションと対になって使われている。どちらも翻訳書では「結合」と訳されたりしていて、その意味内容の違いが分からなくなっている。

しかし両概念は根本的に意味が異なっている。コンビネーションはこれを指揮監督する上位階層があって、そうした上の者によってまとめられているような結合である。資本主義的生産では労働過程は客体化されて、資本によって手段化されているが、これは具体的には資本家もしくは資本家の代理人によって統制されているような労働現場のあり方である。このため資本主義内部で行われる結合の基本原理はコンビネーションになる。コンビネーションは使う者と使われる者がヒエラルキー的に分断した生産過程のあり方を示すための概念である。

これに対してアソシエーションは、使う者と使われる者がヒエラルキー的に分断されない水平的な人間関係である。ただし、資本主義の発展的解消である共産主義が成立するためには高度な生産力段階が必須であり、そのためには労働組織も合理化される必要がある。効率を追求するためにはやはり指揮系統は必須で、労働過程を管理する者がいなければ、効率的な生産活動はできない。この意味ではアソシエーションであっても完璧に平等で、全く均質な人間関係ということはあり得ない。アソシエーションにもまた資本主義に類似した職場内の人間関係や、官僚組織は見られるし、そうした効率的な人間関係の組織化がなければ、資本主義を凌駕する生産性は得られるはずもない。

しかしアソシエーションではそうした管理業務を担う人員は管理される労働者から選ばれ、リコールされるような存在である。資本主義では政治家を選挙で選ぶことはできるが、社長を選挙で選ぶことはできない。それは資本主義では民主主義よりも私的所有権が優位に立つからである。資本主義では民主主義原則が社会全体に敷衍されることはなく、社会の土台である経済関係では民主主義は排除される。そのため企業内の人間関係はアソシエーションではなくコンビネーションになる。

これに対して社会主義では生産手段の私的所有が否定され、経済運営も民主原則に従って行われる。そのため労働者によって選出される管理者は資本家のような支配者ではなくて、労働者の代理人（デレゲート）としての労働者代表である、このため、表面的には資本主義と類似した組織のように見えても、もはや資本主義的な支配被支配関係ではなく、労働者間の同志的な連帯関係を原理とする社会に質的に変化しているのである。

こうした水平的に連帯する人間関係であるアソシエーションでは当然のように人間関係の基調が資本主義のように競争的でギスギスしたものではなく、家族的な友愛を彷彿とさせるものとなっている。こうしたアソシエーションの友愛的な本質を強調するためにマルクスはゲノッセンシャフト概念を用いているのではないか。

ゲノッセンシャフトの語幹はゲノッセであり、組合と共に仲間を意味する。仲間のように親しい人々が組織するのが組合ということだろう。またゲノッセの動詞形はゲニーセンであり、享受するや楽しむそして食べるという意味がある。

そうするとゲノッセとは家族ではないがあたかも家族のような間柄の関係であり、損得勘定抜きで共に歓談できるような友人であり、一緒に宴会をして楽しく過ごせるような人間関係ということになる。

ということはゲノッセンシャフトとはアソシエーションの単なる言い換えではなく、アソシエーションが連帯した人間関係であり、連帯とは友愛に基づく人間関係であることを強調するために用いられていると考えるのが自然だろう。

そしてこのことはまた、マルクスの理想社会構想の驚くべき一貫性をも示唆している。

なぜなら彼が最初に共産主義論を展開した『経済学・哲学草稿』に既に述べられているように、フランスの社会主義的労働者が会食をして大いに食べて飲んで語り合うことは、それが結合のための手段としてあるのではなく、それ自体が目的だとしているからである。つまりゲニーセンすることそれ自体が理想的な人間関係であり、活動だということだ。なぜならこうしたゲニーセンする労働者にあっては人間の兄弟性（Brüederlichkeit）が単なる空語（Phrase）ではなくて真実（Wahrheit）としてあり、そうした兄弟的な連帯の中で労働者の人間性の高貴さが光り輝くとしているからである。

ここでマルクスはゲノッセンシャフトの目的が人間性を輝かせること、つまり労働者の自己実現にあることを明確にした上で、そうした自己実現を可能にする社会条件としての理想社会は人間の兄弟性が真実であること、つまり家族外の市民社会の人間がしかしあたかも本当の家族のように連帯して共にゲニーセンできるような連帯を実現できる社会だとしている。つまり『経済学・哲学草稿』の未だ抽象的な問題提起に留まっている展望が具体化したのが『ゴータ綱領批判』のゲノッセンシャフト論だということである。

24　家族原理と国家原理

ここで鍵となっているのは兄弟性であり、あたかも家族のように親しく連帯できるということである。家族というのが理想的な人間関係のモデルとされている。ではなぜ家族なのだろうか。それはマルクス理論の前提にはヘーゲル批判があるからである。

ヘーゲル主義者だったマルクスは唯物論者になることによって絶対精神の歴史哲学であるヘーゲ

ル主義を放棄したが、人間社会の基本構造を家族-市民社会-国家のトリアーデと見る視座は維持し続けた。このことは自らの経済学研究を「市民社会の解剖学」と位置付けた「唯物史観の定式」に明確である。しかしマルクスは認識図式としてのトリアーデは維持しつつも、社会問題の解決方向としての国家主義は放棄した。まさに「ライン新聞」での評論活動を通して国家を最終的な解決と見なしえなくなったことが、マルクスのヘーゲルからの離反の決定的契機となったのであった。そうなると、他者を手段化して自己の欲望を満たす競争社会である「欲求の体系」としての市民社会での矛盾の解決はヘーゲルのように国家原理に求めることはできない。もはや家族原理しか残っていないのである。

ヘーゲルの見た家族原理は未分化な人間関係の紐帯としての愛である。この愛の原理をマルクスは市民社会での矛盾解消の鍵としたのである。それは市民社会成員として自立した個人でありながらもあたかも家族のように連帯する人間関係である。市民社会にありながらも家族の中にあるような親愛の情で結び付くような人間関係の創出。つまりゲノッセ＝仲間が水平的にアソシエートした社会としてのゲノッセンシャフト。これがマルクスの求めた理想社会としてのゲノッセンシャフトの核心である。

ここで気を付けなければいけないのは、社会成員が家族のように連帯していると言っても、それはかつて歴史上に現れたような全体主義的国家とは一線を画すということである。なぜならそうした全体主義はまさに個を滅して独裁者への奉仕を求めるような抑圧社会だったからである。ここでは支配者が擬制的な親であり、被治者が子とされる。しかしこれは水平的な人間関係を基本としたアソシエーションではない。

マルクスの求めるゲノッセンシャフトはまさにアソシエーションとして、自立した市民社会の成員が平等な立場で連帯する社会である。この社会にもやはり管理的業務を担う階層は存在するが、それは決して支配階級ではなく、労働者の代表として業務を委託された同志である。ここでは旧社会のようなヒエラルキー的な支配被支配関係は存在しないのである。

また国家原理を否定すると言っても、マルクスはバクーニンのようにあらゆる国家的要素を即座に完全破壊するというような極論には組していない。マルクスが否定したのはあくまで理念としての国家原理であって、ヘーゲルのように国家を理想の人間関係の実現だとするような国家主義的な思想である。『ゴータ綱領批判』の時期には特にラッサール主義が念頭にあった。ラッサールはヘーゲルの国家主義を継承して、社会主義を国家原理の否定の上にではなく、国家原理の望ましい実現としての「労働者国家」として構想した。こうした国家社会主義的思潮とマルクスは一線を画すのである。

つまりマルクスは反国家主義者として理念としての国家は否定したが、現実的な方針として必要であれば、手段としての国家を利用することはためらわない。実際、資本主義から社会主義への過渡期に想定されるのが「プロレタリア独裁国家」なように、国家原理がむしろ積極的に善用されるべきことを説いてきた、
しかし社会主義になればプロレタリア独裁は解かれて国家が漸次的に死滅していくと展望したように、国家原理の活用はあくまでそれが必要悪だからに過ぎない。そもそも国家が完全に解体され

るのは形式的に考えて地球大的な共産主義の勝利と相即するのは当然である。そしてそういう国家なき未来が容易に到達できぬユートピア的条件であるのは、マルクスの意図とは別に重々承知しておかなければならない大前提である。

25　社会哲学としての社会主義論

こうしてマルクスの社会主義＝共産主義論のあらましを描いてみると、それが経済学理論である以上に、一つの積極的な社会哲学の提起であることが明確になる。

唯物史観からすれば社会主義も一つの生産様式であり、その社会が社会主義であるかどうかは経済という社会の土台のあり方によって規定される。この大前提の上に、しかしマルクスの社会主義はそうした生産様式としての社会主義が何のために求められるのかということをこそ、深く追求しようとする。

それは人間の実現であり、人間を実現するための経済のあり方ということである。そこで求められたのが、個々人が他者を犠牲にすることなく自己実現ができるような社会のあり方である。

それは資本主義での市民社会における人間関係のように金銭的な損得勘定が基本となるような結び付きではなく、家族的な親愛の情で人々が連帯するゲノッセンシャフトリヒなアソシエーションであった。こうしたアソシエーションの中にあってこそマルクスは、各人が自己の可能性を全面的に発達できると考えた。

つまりマルクスの社会主義論には、人間は己の可能性を実現すべきだし、実現できることが善で、実現できないことが悪だという人間観がある。こうした人間観があるからこそ、資本主義を批判したのである。なぜなら資本主義というのは人間の自己実現を妨げる社会制度だからである。

こうしたマルクスの人間観をどう評価するかはまた別の問題だが、少なくともマルクス以降の社会主義思潮の展開を評価する視座になることは間違いない。

マルクス以降の社会主義はこうしたマルクスの人間観をどこまで継承したのか、またはしなかったのか。すぐに予想できることは、基本的には継承よりも無視や忘却がマルクス以降の社会主義思潮の基本傾向になっていたのではないかということである。

だとしたら、マルクス以降の社会主義思潮の基本性格は、マルクスの継承であると共に歪曲ではないか。そしてもしこの見込みが正しければ、マルクスの社会主義論はマルクス以降の社会主義思潮に対する決定的な測定器になるのではないかということである。

第5章　レーニンからスターリンへ

「マルクス主義」という言葉は今日でも使われているが、「マルクス＝レーニン主義」という言葉はほとんど聞かなくなった。自らをマルクス主義者だと規定する人々はある程度いるものの、マルクス＝レーニン主義者だと自称する人が極端に少なくなっていることが主な理由だろう。

しかし、かつてはマルクス主義と言えば直ちにマルクス＝レーニン主義を意味し、マルクスとレーニンを並列するのが当たり前だった。この場合、マルクスとレーニンの思想はその本質において同一であり、しかもレーニンはマルクス以降の状況の推移を踏まえてマルクスの理論を発展させたというのが左翼の中で共通認識となっていた。

実際、現在では自らを「科学的社会主義」の立場だとするような政党や政治勢力も、かつてはマルクス＝レーニン主義を標榜するのが普通だった。この場合、マルクス自身の思想とエンゲルスが提唱した科学的社会主義及びレーニンに基づく理論体系であるレーニン主義とは本質的に同一であり、そこに根本的な裂け目を見出そうとする見解を「修正主義」などと称して排撃するような作風が、かつての左翼世界では一般的だった。

それが今や「レーニン主義」が死語に近い状況になっているのは、何といっても旧ソ連東欧社会という現実社会主義の崩壊が決定的理由になっている。レーニンが主導したとされるロシア革命とその成果であるソ連社会の消滅により、レーニンの思想自体が無価値になったという認識は広範に共有されているように思われる。

しかし、レーニンその人はソ連成立のきっかけを作ったのみで、実際にソ連という連邦国家の運営にはほとんど携わらない内に亡くなってしまった。ソ連という国自体はレーニンの後を襲ったスターリンによってその主要な骨格が形作られたのであり、スターリン没後にフルシチョフによってスターリン個人は批判されたものの、スターリンが作り上げたレジームとそれを支えるイデオロギーは根本的に変えられることなく維持され続けた。

1 レーニン擁護論

本格的な変化は1980年代に入ってゴルバチョフによるペレストロイカによって始まったが、その結果はゴルバチョフ自身もほとんどのソ連研究家も予期していなかったソ連それ自体の崩壊だった。

この意味で、ソ連はレーニンというよりもスターリンによって形作られ、スターリン自身及び取り巻きの官僚学者によって拵えられたイデオロギーによって正当化されていた。このイデオロギーは客観的には「スターリン主義」というべきだが、スターリン本人や後継者にはマルクス＝レーニン主義と呼ばれていた。

その意味では、ソ連崩壊はスターリン主義としてのマルクス＝レーニン主義の失効根拠になるかも知れないが、レーニンその人の理論的有効性の消失とは結び付かないという解釈は可能である。

実際こうした理解、スターリンは悪いがレーニンは違う。スターリンはレーニンを根本的に捻じ曲げたという理解が、左翼論壇では主流であり、今でもマルクスの後継者を自任する政治勢力の間でも基本的に支持されている立場なように思われる。

しかしこうしたレーニン擁護論は、少なくとも本書のように社会主義思潮を検証するという文脈では、かなり難しい方針だと言わざるを得ない。

それはレーニンもスターリンも、その拠って立つ前提であるマルクス理解において、基本的に同じ前提に立っていたからである。

レーニンもスターリンも、この意味では彼らの共通の敵であった社会民主主義者も同様だが、マルクスとエンゲルスを一体的に捉え、その理論的エッセンスの理解を何よりも『反デューリング論』や『フォイエルバッハ論』という後期エンゲルスの啓蒙的著作に求めていた。この意味で、レーニンもスターリンもその思想の基本となるのは後期エンゲルスによって形作られた「マルクス主義」であり、後期エンゲルスとははっきりと区別されるべきマルクス自身の理論としての「マルクスのマルクス主義」ではなかった。

そのため彼らの社会主義論も『経済学・哲学草稿』から『ゴータ綱領批判』までのマルクスの著

作全体の緻密な検討に基づいたものではない。そして後期エンゲルスが歴史決定論を強調していたのをそのままうけて、エンゲルス同様に理想の未来社会の青写真を描くことそれ自体を否定的に捉えていた。結果としてこと社会主義論に関しては、レーニンもスターリンも等しく、マルクスのゲノッセンシャフト論のような社会主義論それ自体として現代的なアクチュアリティを訴えることのできる魅力的な社会主義構想は提示し得なかった。

このため社会主義思想を問うという本書の文脈でレーニンやスターリンを取り上げるに際しては、積極的に社会主義論を取り出して検討するというよりも、彼らがそれぞれソ連という国を作って導いたという歴史的事実を踏まえつつ、そうした彼らの政治的実践の文脈で、その社会主義論を瞥見するという形で止める他ない。

2　後期エンゲルス主義者としてのレーニン

ではそのレーニンの社会主義論だが、史上初の「社会主義国家」の創設者でありながら、社会主義そのものに対する言及は驚くほど少ない。まさに後期エンゲルス譲りの決定論的思考が、レーニンの社会主義認識の前提にある。レーニンもまた後期エンゲルス同様に、未来社会の青写真を語ることそれ自体を独自の問題意識として持ち得なかったのである。

そのため膨大なレーニンの著述の中で、社会主義それ自体を体系的に論じた論考は見出せない。レーニンの著述は未来の経済システムよりも、そこに至る現在の革命のあり方に集中していて、マルクスやエンゲルスに代わる独自な社会主義構想を提示できたとは言えない。

そうしたレーニンにあって比較的まとまって社会主義について語っているのは、やはり主著である『国家と革命』ということになろう。

周知のようにこの著作は自らが主導するロシア革命の最中にあって書かれた。そのためボリシェヴィキが目指す革命を正当化するために、革命後に樹立されるはずの新社会がどのようなものであるかを明確にする必要があり、社会主義それ自体についての議論が比較的多くなされている。

この場合レーニンはマルクス主義者としての正当性を強調するためにマルクスとエンゲルスからの典拠を示しつつ、自らの目指す社会が独善的に設えられるものではなく、マルクスとエンゲルスのアイデアの素直な継承に過ぎないことを示そうと努めている。

この際に『ゴータ綱領批判』の共産主義段階論に対して低次段階共産主義を「社会主義」、高次段階共産主義を「共産主義」として解説したため、この著作とレーニンの権威によって低次段階を社会主義、高次段階を共産主義と呼ぶことが定説化した。

しかしここに大きな問題があった。レーニン本人も後継者も『ゴータ綱領批判』と『反デューリング論』の社会主義論の間には深刻な齟齬があることを気付かず、基本的に同じ思想を語っているものとして扱ってしまった点である。そしてその方針は『反デューリング論』的な解釈に『ゴータ綱領批判』も入れてしまうというものであり、その後のマルクス主義が陥った誤謬に先鞭を付けることとなった。

革命後の新社会建設の困難さを予見して新社会の初期に資本主義遺制が残らざるを得ないことを

示唆して共産主義を段階分けした『ゴータ綱領批判』と、資本主義が克服されれば資本主義での不合理な商品交換の前提である価値法則がなくなり、投下労働と生産物の関係は透明になって、資本主義では不可能だった合理的な経済運営が簡単に行えるようになると楽観する『反デューリング論』は、その問題意識が根本的に異なる。『ゴータ綱領批判』では『反デューリング論』と反対に、新社会の初期段階では価値法則に類似した経済原則が必要であるかのように示唆されているのである。

こうしたマルクスの慎重さがエンゲルス同様にレーニンにも共有されていなかった。そのため『ゴータ綱領批判』に依拠して革命後の新社会を社会主義と共産主義に区分けしたのはいいものの、こうした段階の違いを認めざるを得なかったマルクスの問題意識は継承されず、社会主義と共産主義は発展段階の高低という単なる形式的な時代区分としてのみ理解されたのである。

結果として、革命後に価値法則のない非市場的な社会主義が比較的容易に実現できることが謳われたのだった。

3　後期エンゲルス由来の形式主義的楽天主義

ただしレーニンはアナーキストと異なり、この点は確かにマルクスを継承して、国家を直ちに廃絶できるとは夢想しなかった。国家それ自体は高次の共産主義の実現を待ってその消滅が展望できるものであり、革命後の初期段階で人為的に廃止できるものとはされていなかった。

むしろ革命後の初期段階では、資本主義維持のためのイデオロギー装置だったブルジョア国家を「労働者国家」に変えることが当面の課題として提起された。ブルジョア国家を運営する国家官僚を廃して、「武装した労働者」が代表する国家が任命する市民が旧社会の官僚の役割を代行する。つまり革命政府が直ちに旧官僚機構を刷新し、旧社会以上に合理的な経済運営ができると展望したわけである。

そうした労働者である市民による経済運営の基本方針は資本主義と異なり、エンゲルスが展望したような価値法則のない透明な経済社会を運営することである。資本主義的な無政府性に変わって「記帳と統制」に基づく計画的な経済運営を、旧社会のような経済官僚という専門化された分業に拠らない労働者市民が運営主体となって行う。それによって無政府性に支配された資本主義では不可能な合理的な計画に基づく経済運営を実現できるというのが、ロシア革命までのレーニンの言い分だった。

この際、そうした「計画経済」により社会主義経済の基本単位は、資本主義のような分散されて相互に競争しあう私企業の集合体とは対照的なものになる。

企業、それが私企業という身分ならば、私企業を否定する社会主義では作業所や事業所という単位になるが、こうした事業所が乱立して競争によって淘汰されていく資本主義とは異なり、社会主義では初めから国家が経営する唯一の事業所があればいいのであり、ただ一つの企業が全ての財を生み出したほうが計画的に分配を行うためには、むしろ好都合なのである。

こうした一国一企業的な集約経済を理想とする経済構想は一般に「一国一工場論」としてマルク

ス以前から提唱されていた。マルクス自身がこうした集約的な産業組織を理想としていたかは一概に言えないが、そうした解釈を許す余地を残していたことは間違いない。

ともあれ、たとえ論理的にはそれが有利であるとしても、唯一もしくはできるだけ少数の事業体に経済活動を集約していくという構想は、資本主義での独占同様に商品の品質向上を妨げるという否定的効果と共に、効率を無視した官僚主義の肥大を引き寄せるのは必至だろう。

もっともこうした予想以前に、多数の企業が競争しあっている社会を極少数の非競争的事業体に変えようとする試みは、巨大な軋轢を生み出さざるを得ないのは火を見るより明らかで、現実的な革命戦略という次元では事実上無策に等しかった。

つまりレーニンもまた、資本主義が克服されれば容易にもっと合理的な経済システムが実現するという、後期エンゲルス由来の形式主義的楽天主義で事にあたっていたのである。

その結果が、革命ロシアの経済政策が実際に破綻したことである。

もちろんロシア革命は第一次世界大戦の最中に起こったことであり、革命政府は戦後処理に莫大なエネルギーを吸い取られてしまった。このため革命政府が思った通りの経済政策を実行するのはままならなかったという現実的困難があったが、失敗の理由はそうした時代状況にのみ拠ると見るのは無理がある。仮に戦争に巻き込まれず、実際の歴史よりも恵まれた条件で革命が進行したとしても、やはり同じように社会主義建設は暗礁に乗り上げたと見るのが自然である。

それはレーニンのみならず革命を主導したマルクス主義者の誰もが、まさにエンゲルス的楽天主義、資本主義という悪を打倒すれば自ずと社会主義という善がもたらされるという場当たり的な態度を共有していたからである。実際レーニンは1921年の報告で、18年時点での革命当初は、従来の経済を社会主義経済に適合させる事前準備なしに直接社会主義に移行できると予想していた。国家によって生産と分配を実施すれば、直ちに以前と違った生産と分配のあり方を実現できると期待していた。しかしそうした望ましい社会主義経済が、これまでの商業や市場とどういう関係にあるのかをきちんと提起できなかったと自己批判しているのである（「第7回モスクワ県党会議」）。

つまりレーニンは明らかに、資本主義という合理性の欠如した経済を否定すれば、論理必然的に資本主義よりも合理的な経済システムがもたらされるだろうという形式主義的思考でもって革命を領導し、理論通りに進まない現実に直面してしまったということである。

しかしこうした理想と現実の齟齬、理論的見通しの甘さというのは、何も後期エンゲルスや後期エンゲルスの継承者である後のマルクス主義者に限ったことではなく、アナーキストのようなマルクス主義の対抗者にも遍く共有されていた傾向だった。

例えばバクーニンはマルクスを権威主義の廉で非難していたが、そうした一切の支配を拒否するバクーニンが描いた革命後の未来は、エンゲルスに輪をかけた楽天的な期待に過ぎなかった。しかもエンゲルスが国家のような支配機関は時間をかけて死滅していくだろうという比較的穏当な見通しをしていたのに対してバクーニンは、国家はその後ろ盾である宗教もろとも即時に廃絶しなければいけないという、あらゆる支配秩序の「総破壊」という極論を掲げていたのである。そしてそうした総破壊がなされれば、支配なき自由を得た人々は自ずと理想的な連帯を実現するだろうという、もはや楽天主義とすら言えない極度に能天気な見通しを立てていた。

つまり革命後の過渡期に引き受けざるを得ない困難について、実際に革命を成し得なかったレーニン以前の先駆者は、マルクス主義者もその敵対者も等しく、余りにも軽々しく楽観していたのである。だからレーニンが先輩たち同様の楽天主義を共有していたのも無理はないわけだ。

これに対してマルクス自身はまだ幾分は慎重さを保っていた。繰り返し強調しているように、『ゴータ綱領批判』では貨幣経済という資本主義遺制の強固さとその克服の難しさが殊更強調されているのである。しかしレーニンもまた他の後継者同様に『ゴータ綱領批判』と『反デューリング論』の根本的差異に気付かず、『反デューリング論』の線で『ゴータ綱領批判』を読んでしまった。そのため貨幣経済の強固さという最も肝心な論点をつかめず、革命政府が国家を掌握して生産と分配を変えれば自ずと社会主義が実現するという錯誤に陥ってしまったのである。

4 ネップへの「戦略的後退」

実際には革命政府が領導しようとするロシアの人々は旧時代の商業と市場経済への選好を強固に保ち続けたし、革命政府のほうは逆に商業も市場経済に対する理解も不足し、市場に替わる分配を実現することができずに経済を破綻させてしまった。

そこで苦肉の策として採用されたのが「新経済政策」(ネップ)である。それまで行われていた戦時共産主義政策とは対照的に、強制収用を廃して食料税を課し、余剰分の販売の自由を認め、商業活動の活性化と一旦は否定した資本主義的市場経済の再現を目指したのである。これが資本主義の復活ではないのは通常の私的資本主義とは異なり、革命政府が掌握する国家が主導する「国家資本主義」だからだとされた。だからレーニンは22年のロシア共産党第11回大会報告で、暫くは資本主義の中で生きなければいけないのであり、プロレタリアートが主導する国家資本主義なので決して敗北宣言して資本主義に逆戻りすることではないが、破綻した経済を再興するためには、資本家のやり方を真剣に学ばなければいけないと総括したのである。

今日では中国をはじめとする社会主義を標榜する政治勢力の多くがネップの先駆性を称揚するが、当のレーニン自身はあくまで苦肉の策であり、「戦略的後退」であることを強調していた。

今日からみれば、社会主義といっても市場社会主義的な状態が比較的長期に続かざるを得ないという前提で経済政策を組み立てるべきという話になるのは至極もっともという感じがするが、レーニンをはじめとする革命家の共通前提が資本主義を否定すれば自ずともっと合理的な経済運営ができるようになるという楽天主義だったため、実際にやってみて現実に機能しないという事態に直面して初めて、問題の困難さを理解したわけである。

価値法則なしで簡単にやっていけるというエンゲルスの期待は裏切られて、新社会になっても価値法則に類似した遺制が残らざるを得ないというマルクスが警戒した通りに、貨幣経済及びその前提である市場経済の強固さ、商業活動に対する人々の渇望に直面して、本来の社会主義である非市場的な経済を土台とした新社会を築くことは直ちに実現できるどころかむしろ遠い未来に先送りにする他ないと軌道修正せざるを得なかったというのが、レーニンがネップを導入した理由ということになろう。

そしてレーニンはネップによってまずは資本主義的な市場経済を革命政府の指導の下で本格的に導入して経済を立て直すことを志向している最中に、志半ばにして斃れたわけである。

5　スターリンとトロツキー

レーニンの後を襲ったスターリンはよく知られているようにネップを終わらせ1928年に第一次5か年計画を発動し、後にソ連型社会主義といわれる計画経済に基づく社会を形作って行った。レーニンが50代の若さで斃れずにその後もスターリンに権力を奪われることなくソ連を領導していたら一体どうなったか。ネップを解除せずに恒常化して、その後の硬直した計画経済になるのを防げたのかもしれないが、歴史にイフはないので、こうしたことを考えても仕方ないだろう。ただ、レーニン自身がネップを戦略的後退と捉えていた以上、スターリンによる方針転換がレーニン主義の歪曲だとするのは無理があろう。

スターリンに敗れたトロツキーにしても、別に市場社会主義を提唱していたわけではなく、スターリンによって形作られたソ連社会を「堕落した労働者国家」だと捉えていた。

歪められているとはいえ労働者国家であり、堕落した国家官僚に不適切に指導されているとはいえ社会主義には違いなかった。従って求められたのはシステムそれ自体を変更することではなくて、システムの担い手の顔ぶれを挿げ替えることに過ぎなかった。

つまりトロツキーやトロツキストは、ソ連は生産様式としては既に資本主義を脱して社会主義に変革されていると認めていたのである。その意味ではトロツキズムにおいてもまた、その敵対者であるスターリニスト同様に国家計画経済が社会主義の適切な経済政策だと認められていたということになる。

レーニン自身は自らが領導したロシア革命の性格規定にブレがあり、プロレタリア独裁を曲りなりにも実現できたという意味では資本主義を打倒して労働者国家に移行し得たという前提を持ちつつも、なお生産様式としては社会主義であり得ているのかどうかについては慎重な姿勢に留まっていたように見受けられる。この意味で、同じようにソ連の過渡期的性格を強調するとしても、レーニンと異なりスターリンやトロツキーのような後継者は、革命によって既に生産様式次元で社会主義に移行したと認定した上で、社会主義建設という点での過渡性を強調していたように思われる。

つまり、スターリニストのようにソ連の現実それ自体を社会主義と見なすか、トロツキストのように真実の社会主義からの歪曲と見なすという違いはあるにせよ、経済的土台のあり方という観点からは基本的に社会主義的なものと認めるという点では違いがないということになる。対立は専ら政治の次元であり、政治的スタンスの違いが両者の社会主義観を分ける根本的指標ということになる。

しかし、これはマルクス主義的な社会主義観という意味では、見過ごすことのできない錯誤だと言わざるを得ない。なぜならマルクスの社会主義論を他の対抗的な社会主義思潮と分かつのは、社会主義を資本主義に代わる独自の生産関係と捉えていたことだからだ。富の分配の方式でもなければ、政治指導のあり方でもないのである。土台が上部構造を規定し、生産のあり方が社会の土台たる経済の基本性格を決めるというのが唯物史観の基本観点であり、マルクスの社会主義観を他の社会主義論と分かつメルクマールである。

ところが、トロツキズム及びこれに類似した政治思潮にあっては、同じ土台であっても政治的指導のあり方によって社会全体の基本性格が変わるというような議論になっている。これだとマルクスとは逆に上部構造が土台のあり方を規定するという話になってしまう。マルクス主義者であるはずなのに、逆にマルクスが批判したドイツ・イデオローグ同様の思考形式に陥っているということになりかねない。

6 「国家資本主義」

ではなぜこうした政治領域の過大評価が生じているのかと言えば、既にレーニンにそうした傾向が強かったためだろう。例えば今まさに問題にしているレーニンの国家資本主義概念にその典型を見ることができる。

「国家資本主義」は多用される割には意味が明確化されることが少ない概念である。特に普通の資本主義との違いが見え難い。どの論者も通常の資本主義に比べて国家の役割が大きい社会にこの概念を適用しようとしているのは間違いないだろう。レーニンもそうである。しかしそうした国家の役割がどの程度のものなのかは、恣意性が大きい。基本的に資本主義だが、通常に比べて国家の果たす役割が大きいという程度の話なのか、むしろ国家が決定的に重要であり、その地位はもはや通常の資本主義とは異なる社会とすら言えるというようなまでか、その違いが明確に規定されることは稀である。

こうしたある意味では都合のいい概念のために、論者によっては極端な拡大解釈をしてしまうこともありうる。まさにレーニンがそうだったのではないか。

レーニンは自他ともに資本主義を終わらせる革命を始めたと思っていたが、現実の経過の中で当面の目標は国家資本主義の確立だと定めてネップを発動した。一般的な意味での国家資本主義は資本主義の一種であり、それを目標に定めたということは、ロシア革命は実は革命ではなく、革命は失敗したということになるはずである。なぜならマルクス主義の常識では革命とは生産様式の変革だからであり、資本主義という生産様式が根本的に変化したか、もしくはその存立基盤が完全に突き崩されたというのでなければ、革命とは言わないからである。

しかしレーニンはネップを戦略的後退だと見定めたものの、けっして革命そのものの失敗とは認めなかった。ネップが目指す国家資本主義は資本主義ではあるがプロレタリア独裁の中で施行される経済であり、労働者の指導によって行われる資本主義である。従って労働者を支配し抑圧することによって成り立つ通常の資本主義と異なり、社会主義への過渡期であり得る資本主義である。その意味で革命は確かに革命であり、革命は失敗していなかったということになる。

しかしこれはどう考えても唯物史観とは異なる考え方である。経済のあり方が土台となって政治という上部構造を規定するというのが唯物史観であり、マルクスの基本前提である。従って国家資本主義は資本主義であり、資本主義である限り、国家資本主義樹立を目指すような社会は社会主義への過渡期とは言えない。従ってロシア革命は残念ながら革命ではなく、革命であることに失敗した政治動乱ということになる。そのためソ連は社会主義ではなく、資本主義かもしくは資本主義に類似した社会であり、社会主義では有り得ないというのが唯物史観から導かれる自然な理論的帰結になる。

しかしレーニンもスターリンも決してそうは考えなかった、ソ連は労働者が権力を握った労働者国家であり、レーニンにあっては社会主義への過渡期であり、スターリンにあっては既に実現した社会主義そのものとされた。そしてスターリン主義者だったソ連内外の共産主義勢力はソ連を共産主義祖国として支持し崇めた。

7　政治が経済を規定するという転倒

こうして見ると、ソ連や特に中国がそうなのだが、現実社会主義は基本的に、自国が社会主義であることの根拠を生産関係という土台のあり方で語る以前に、共産党という労働者を代表するとされる政党が領導しているという事実に求めていた。経済システムが社会主義と呼ぶにふさわしい内実を伴って作動しているのかという、本来ならばというか、マルクス的な観点からはそれこそがメルクマールとなる基準はむしろ軽視され、ひたすらに共産党支配の事実を強調することで、社会主義勢力としての自らの正当性を強調するという作風に終始した。

こうしたことがよく示されている一例が、スターリンが1952年に発表したいわゆる「経済学論文」である。この有名な論文でスターリンは、社会主義になれば価値法則が消滅するというマルクス主義の常識を否定し、「社会主義商品経済」という議論を展開した。これが問題なのは、ソ連はまだ市場社会主義段階だから本来の意味では社会主義ではないという常識的な認識を示していたのではなくて、ソ連は既に社会主義であるが、社会主義は市場社会であるとしている点である。高度な共産主義段階に至って、初めて商品経済が克服されるとするのである。

もちろんこうした議論も、社会主義一般を論じるという文脈ならばありうることではある。しかしそれは価値法則を直ちに無くすことを社会主義開始のメルクマールとしたエンゲルスはもちろん、マルクスの構想とも異なる。マルクスからすれば商品経済は人間を商品という物にすることを前提とした論理によって成り立っている。しかしマルクスによれば人間はカントが人間をそう見なしたように目的的な人格であり、売買できる物件ではない。奴隷制社会は人間を奴隷として直接的に物件にした。平等を建前とする近代社会は奴隷的差別を否定したが、人口の大多数を、労働力を売る他ない賃金奴隷にする資本主義という経済的土台の社会だった。つまり人間は労働力商品となることによって物件化されて、人格性を毀損され、人間らしい在り方から疎外されてしまうのである（物件化とはVersachlichungであり、通常は「物象化」と訳される。しかしこれは不適切訳であり、物件化が正しい。物件化について詳しくは拙著『マルクス疎外論の諸相』時潮社、2013年、参照）。

マルクスは物件化による疎外を克服する前提として、商品経済の克服を求めていた。そのため、人類の本史である社会主義は商品経済では有り得ないというのがマルクスの大前提である。

ただしマルクスはそれでも商品経済という「ブルジョア遺制」の強固さを認め、社会主義の初発段階では商品経済に類似した経済でありうる可能性を『ゴータ綱領批判』で示唆していた。しかもマルクスはさらに、資本主義から社会主義への過渡期においては利潤分配制を原理とする、今日的には市場社会主義ともみなしていいような変革構想を提示していた。確かにマルクスにはエンゲルスとは異なり、新社会建設という根本的変革の困難さへの自覚があった。

しかしそうした市場社会主義的な社会はあくまで社会主義への過渡期であり、社会主義それ自体は物件化から生じる疎外を克服することを本義とする社会である以上、市場社会主義では有り得なかった。

そしてスターリンには物件化論も疎外論もないため、商品経済が人間存在に及ぼす深い意味については理解していなかった。そのためあたかもマルクスやエンゲルスとは矛盾しないかのような表面的で詐術的な文献解釈に基づいて、「社会主義商品経済」をマルクス主義の神髄であるかのようにでっち上げることができたのである。

どうしてこういうことをしたかと言えば、現実のソ連社会で資本主義同様の価値法則が作用していて、商品貨幣経済が克服される兆しなどなかったからである。到底社会主義とは言えない現実を認めて自己批判するのではなく、看板倒れを正当化してしまったのだ。

レーニンは国家資本主義を目指す社会を社会主義への過渡と見なす錯誤に陥っていたが、そうした社会を社会主義と自称するまでには厚顔無恥ではなかった。マルクス主義者としての矜持があったのである。しかしスターリンは資本主義と実態を共有する社会を社会主義の実現と言い張りたいために、理論を捻じ曲げるのを躊躇しなかった。ここに経済的土台が上部構造を規定するという唯物史観の基本観点を完全に逆転させて、マルクスが批判したドイツ・イデオローグ同様に、政治が経済を規定するという転倒をマルクス主義だとする錯誤が完成したのである。

しかしスターリンはレーニンを180度ひっくり返したのではない。国家資本主義を社会主義への過渡期と強弁したレーニンの極端な政治主義に、その根があった。確かにレーニンとスターリンを単純に同一視することはできない。その異同と功罪は細かく精査する必要がある。しかし社会主義的変革に対する基本方針においては、差異よりも共通性が目立つ。それは土台が上部構造を規定するという唯物史観の基本観点を忘却もしくは形骸化し、極端な政治主義を打ち出したことである。

こうした傾向に陥ったのは、やはり彼らが曲がりなりにも現実に社会主義を実現し運営しようとしたからだろう。実際に革命に身を投じ、革命後の社会を運営しようとすれば、現実を理論で測るという本来の方向性ではなく、現実に合わせて理論を変え、現実を理想に導くためではなく現実を正当化するために理論を利用するようになりがちなのは否めない。

しかしこうした理論のあり方は間違いなくマルクスが『ドイツ・イデオロギー』で批判したような、単なる上部構造一般ではなく虚偽意識という意味でのイデオロギーのあり方そのものである。この意味で、スターリンはもちろんレーニンに対しても、マルクスの正当継承者という旧聞を相対化し、むしろマルクスの真意を歪曲したところが大だったという批判的観点から評価する必要がある。

もちろんこのことはマルクスを無謬の聖典とすることを意味しない。しかしレーニン絶対視という旧来のマルクス主義のドグマを捨て去って冷静に分析すれば、ロシア革命もソ連という現実社会主義も、マルクスその人の共産主義構想の地上的実現とはとても言えないと判断せざるを得ないのである。

第6章　ソ連とは何だったのか

言うまでもなくソ連は1917年のロシア革命、特に10月革命を直接のきっかけにして生まれ、1922年12月に建国宣言をして70年弱続いた後に1991年12月に消滅した今は無き「社会主義国家」である。「社会主義国家」と括弧で括るのは、それが社会主義だというのは自称していたに過ぎないからで、実際には社会主義ではなかったからである。

あくまで自称社会主義であって実際には社会主義ではなかったという事実が示すのは、この国が見事なまでに建前と現実が乖離していたことである。余りにも立派な理念と実態との落差は、この国家がその誕生から消滅まで付きまとっていた宿痾だった。

まずこの国が他の国と一線を画すユニークな点は、国名に人名や地名のように、人種や民族、はたまたサウード家という支配王族が国名になっているサウジアラビアが如きに、国を支配する個人や集団を示すような単語が一切含まれていなかったことである。

ソ連またはソ連邦と呼びならわされてるこの国の正式名称は「ソビエト社会主義共和国連邦」で

ある。ソ連と言えばロシアで、ロシア人の国というイメージが強いが、国名のどこにもロシアという文字はない。つまりこの国がロシア人の国であることを強調しないようにしているのだ。確かに連邦を構成する各国及び各民族の内でロシアとロシア人が最大勢力ではあるが、決してそのことをよしとせず、特定の人種や民族の国であることを否定している。これは明らかに他の国とは異なる。

1　ノーメンクラツーラ支配の「ソビエト」

そもそも「ソビエト」というのは議会や集会を意味する言葉に過ぎず、社会主義を支持する労働者の代表が評議会を組織して、労働者のソビエトによって国を管理運営するというのが理念の国家である。そして社会主義者は国境を越えて連帯する者であって、偏狭なナショナリズムに囚われてはいけないし、そもそも国家はマルクス主義の基本観点ではやがて死滅してゆくものである。

従ってソ連は国家であって国家でない。通常の国家とは全く異なる新しい国家であることを標榜していたのである。ソ連が依拠したマルクス主義というか、この点では間違いなくマルクスその人も、国家は共産主義が実現した暁には消滅もしくは単なる行政単位として実質的な意味がなくなるような、人間にとって本質的に否定的な社会組織だと捉えていた。

ソ連はこうしたマルクスの理想を引き継ぎ、全地球規模での共産主義実現までの暫定的単位として、通常の国家が依拠する人種や民族をといったものを否定的なイデオロギーとして退けた上で、労働者のソビエトが主導する労働者による労働者のための国家であることを看板に掲げてその営みを続けていた。他にはないユニークな国家だったのである。

そして全く、この掲げられた理念は正しかった。まさにマルクス主義を領導思想として労働者が統治権力を握り、国家大規模で政策運営を行うというのならば、そうした国家は「国家ならざる国家」であり、人種や民族を基本単位とせず、やがて未来において自己自身を否定するような国家であることが求められるからだ。

確かに人種や民族を重視しない国家はある。アメリカ合衆国は実際には白人優位の差別国家であり続けているが、理念の上では人種や民族といった伝統的紐帯に縛られることなく、建国理念に賛同する者が自主的に集う形で構成される人工国家という建前になっている。しかしそのアメリカも、まさに建国の理念を重視するがために、国家の永続化を自明の前提にしている。ソ連が謳っていたようなマルクス主義的な「国家の死滅」という観点などあるわけがないのである。

こうしてソ連はその自称する建前の上では非の打ちどころがなく、マルクス主義的な社会主義者が目指すべき理想の体現と言える。問題はこの国が、「看板倒れ」という言葉が余りにも当てはまる実態だったことである。

ソ連は建前では決してロシア主義ではないが、実際にはロシア民族の主導性が遺憾なく発揮されたロシア中心の国だった。

ソ連の中心はその名称の通りソビエトであるはずだが、実際には共産党が仕切っていたし、その共産党も少数の幹部によって牛耳られていた。ソビエトは形骸化されて、名称と実態の乖離は誰の目にも明らかだった。

ソ連を支配する共産党は労働者の政党であるという建前上、国家を牛耳る共産党の幹部は労働者の代表のはずだが、実際には労働者ではなく、労働者から切り離された官僚の代表だった。

資本主義国家の官僚は資本主義を擁護する政治勢力の意を受けて、資本主義を経済的土台とする政治体制を維持するために存在する。ならば「労働者国家」であるはずのソ連の官僚は、資本家ならぬ労働者の手足とならなければならないはずだが、実際にはソ連の官僚は労働者と切り離されたエリート層であり、労働者の意を下から汲み上げることなどなく、労働者の上に君臨して一方的に労働者を意のままにした支配層だった。

労働者の手足ならば、官僚はいつでも労働者によってリコールされて、労働者よりも高い地位や待遇が与えられるはずもない。実際にマルクスは『フランスにおける内乱』でそのような労働者政府のあり方を提起した。しかしマルクスの理想主義的な提案は、ソ連の現実によって簡単に裏切られた。

法律や条文の文言はともかくとして、政治の現実としてはソ連の労働者には官僚をリコールする権限など与えられていなかった。官僚の去就を支配できたのはまさにそれ自身が官僚であるところの上位役職者だった。つまりソ連は、マルクス主義の理論上は原理的に批判されるべき官僚組織が、敵対する資本主義諸国以上に肥大化して階層化された官僚支配社会だった。

そうしてヒエラルキー化された官僚組織の上層部が特権階級となって、労働者を支配していた。そしてこうした特権階級ヒエラルキーの頂点に、支配政党であった共産党の幹部が位置した。

今でも中国のように崩壊せずに存続している現実社会主義国、つまり共産党が支配する国で見られる「党内序列」という奇怪な風習に端的に示されるように、支配層である特権階級は各組織で名簿化されて序列化されていた。そしてこうした名簿を語源とする「ノーメンクラツーラ」が、ソ連及び現実社会主義の支配層である。この支配層には様々な特権が与えられ、政治的のみならず経済的にも優遇されていたが、そうした特別待遇のための原資は搾取された労働者の富であるかぎり、ノーメンクラツーラは単なる社会階層ではなく、明らかに支配階級と呼べる実質を伴っていた。

では一体なぜソ連はその理念通りにソビエトを実質的な運営単位とする労働者国家ではなくて、ノーメンクラツーラの支配する階級分断社会になってしまったのだろうか。

直接的な原因はやはりスターリンの政策にあろう。レーニンは革命後の僅かな年月しかその生を保つことができず、後継勢力争いは最終的にスターリンの勝利に終わった。スターリンは大規模粛清によって党内反対勢力を一掃すると共に、国民の間に密告を奨励して恐怖政治を敷いた。

こうしたスターリンの施策を象徴するのが、彼の「書記長」という地位である。

共産党のトップは本来、委員長や評議会議長のような役職になるはずだが、党の事務処理を請け負い、党内風紀を整風するような役割を担った書記長ポストに就いたスターリンは、到底最高のポストであり得ない事務管理職である書記長職をそのまま党内最高権力ポストに組み替えたのである。以降、スターリン主義者であった各国共産党の多くが書記長という、常識的には最高責任者とは思えない肩書が実際には最高権力者になるように組織された。

このことが意味するのが、本来は自由闊達に議論を交わす同志で構成されるべき政党が、他の国家機関同様にヒエラルキー的な官僚機構であるかのような様相を呈していったということである。元来は官僚を管理するはずの共産党もまた、一つの官僚組織のようになったというか、実質的には国家内で最高地位の官僚組織になってしまったということである。

こうしてソ連は徹頭徹尾、官僚が支配する官僚支配国家となったのであり、そうした官僚国家でありながら、自らを当初は社会主義への過渡として、暫くの後には共産主義への道のりにある社会主義そのものだと自任するようになったのである。

ではソ連はその自称通りに社会主義と呼べる社会だったのだろうか？

2　疎外の結果としての物件化

既に明言している通りに、ソ連は社会主義ではないので、自ら社会主義だと自称していたのは詐称だったのだが、しかしこれは詐欺師が悪いと分かっていて騙すのとは話が違う。スターリンもフルシチョフも至極真面目にソ連は社会主義だと信じていたし、彼らの意を汲んでプロパガンダに奔走したイデオローグたちも、全くの嘘でたらめを吹聴しているとは思っていなかったはずである。なぜなら確かにソ連には、自らを社会主義だと信じられるような徴表が存在したからである。

何よりもソ連は国名自体に社会主義が含まれているし、憲法上も自国を社会主義だと規定していた。もちろんそれだけで社会主義といえるわけではないのは、スリランカのような実例がある。スリランカの正式国名は「スリランカ民主社会主義共和国」というが、この国が社会主義だとは国際社会はもちろん、当のスリランカ政府も国民も思っていない。名が体を示すとは限らないわけだ。とはいえ、ソ連は流石にスリランカとは違う。それなりに社会主義としての実質を保っていた。ソ連では生産手段の私的所有は禁じられて、そのため通常の意味での資本家は存在しなかった。ソ連での国営企業の最高責任書と資本主義における社長を直ちに同一視することはできない。この意味で、ソ連を普通の意味で資本主義というのは無理がある。

だがスターリンは「社会主義的商品経済」を堂々と正当化していたし、そうしたなし崩し的な概念規定と経済政策はスターリン批判後もそのまま維持された。ソ連はスターリン時代も以降も、商品経済それ自体を克服しようとすることはなかった。この意味で、ソ連は実質的に資本主義のままイデオロギー的には社会主義だと強弁された社会だと言えなくもない。

確かに商品経済は労働力を商品化することによって人格的存在である人間を物件化する。そして物件化されることで人間は自己実現を妨げられ、人間の本質から疎外される。

疎外の止揚こそマルクス的な社会主義構想の本義なので、物件化をもたらす商品経済は批判され克服されなければならない。その意味で、商品経済をそのまま存続させたソ連を資本主義と規定するのはあながち間違いではない。

しかしマルクスは常に分配と交換という流通過程は直接的生産過程のあり方によってこそ規定されることを強調していた。商品経済に体現された物件化は、生産過程における疎外の結果なのであって、この因果関係は一方通向なのである。

マルクスは経済の本質を生産から始まって分配と交換を経て消費に終わる円環構造だとした。この際、生産の契機こそ「包括的契機」であって、生産のあり方によってこそ経済全体の性格が規定される。こうした見方には、ミル親子のようなブルジョア経済学者に典型的なように、生産を変更不可能な自然的な所与のようにみなして、社会改革を専ら分配の問題に限定するような経済認識への批判が含意されていた。

これに対してマルクスは、当時の今も体制擁護的な経済学者が採用することのない「生産様式」概念を対置した。体制擁護学者は商品経済も資本蓄積衝動もそれでしかありえない普遍的な経済の鉄則だと見なしたがるが、マルクスからすればそれは特殊歴史的な生産の一つの様式に過ぎず、かつてそうでない経済もあり得たし、これからもあり得ることを展望したのである。

こうした生産様式論にはまた、J・S・ミルが求めたような公正な社会主義経済を実現するためには、ミルのように生産のあり方自体を見ることなく分配様式のみを変えることでは不可能だという重大な理論的帰結も含意されている。分配はあくまで生産の従属的契機であって、生産過程がその社会の基本性格を与える主要契機だからである。

従って、交換過程を領域とする商品流通次元の問題がその社会の経済のあり方の主要規定因にはならない。

商品経済と商品による人格の物件化は、常に疎外された労働の結果なのであって、決して逆ではない。それは物件化が交換の契機で生じる問題だからである。疎外は物件化の原因であって、逆ではない。それは生産が交換を規定するからである。確かに一度疎外された生産を原因とする物件化が常態化すれば、生産と交換の契機が相互に規定し合うようになり、それによって疎外と物件化もそれぞれに絡み合う形で深化する。しかし主要規定因はあくまで生産である。だから物件化もまた、基本的に疎外の結果として現れるのである。

3　社会の基本性格としての労働過程

このことはまた、ソ連経済のあり方に根源的な規定をもたらすのは、それが商品経済社会だったという事実ではないということも意味する。商品経済は結果なのであって、こうした結果をもたらす原因である生産過程のあり方にこそ、その社会の基本性格が示される。だからソ連もまた、商品流通という交換の次元での事実によってではなく、生産過程のあり方によってその社会の基本性格が規定されなければならないということである。

生産のあり方によってこそ、その社会の基本性格が決まる。資本主義の資本主義たる所以は、生産の主体が資本であり、資本が主体となって営まれる経済だからである。これに対して社会主義は資本ではなくて労働者が主体となって生産が営まれる社会である。

こう捉えることによって分かるのは、社会主義が正しく、物事が正常に営まれている状態なのに対して、資本主義は間違っていて、物事が異常なままに固定されているということである。その理由は、社会主義では事態が正立しているのに対して、資本主義が転倒しているからである。ではなぜ資本主義が転倒していると言えるのか。それは生産を実現する実体的中核はいついかなる時代でも労働過程だからである。

資本主義は資本が主体となって生産が行われる社会だとしたが、しかし資本それ自体は決して生産を行うことはできない。

生産とは結果から見た労働であり、労働とは過程から見た生産である。従って生産が実際に行われる場は労働過程であり、労働過程を作動させるのは資本家ではなくて労働者である。つまり、実際に生産を行うのは資本家ではなくて労働者である。

しかし資本主義では労働過程は資本及び資本の人格化である資本家のものとなっている。資本主義では資本家が労働過程を手段として用い、生産を行っているのである。資本主義だろうと何であろうと、実際に生産を実現する単位は労働過程であり、労働過程は労働者によって担われている。だからどのような社会であっても直接的に生産を実現する主体は常に労働者である。これは労働者とは労働過程の主体を意味するという、単なる同義反復である。

しかし労働過程の主体である労働者が同時に社会的総生産過程の主体であるとは限らない。歴史的にはむしろ、労働過程の主体と社会的生産過程の主体が一致せず乖離していることが常態だった。

奴隷制社会でも労働過程の主体は奴隷である労働者だった。しかし奴隷による労働過程は常に奴隷主によって支配され、奴隷は奴隷主によって手段として客体化されていた。封建制社会でも労働過程の主体は農奴だったが、農奴の労働過程は封建領主によって支配され、農奴は手段として客体化されていた。

資本主義も同じ構造である。資本主義における労働過程の主体は賃金労働者である。しかしそうした主体である賃金労働者は、まさに賃金を対価に働くという雇用契約に縛られる。そのためそうした従属契約者による労働過程は、主人である資本によって客体化されている。だから資本主義での労働過程の主要目的は、労働者自身の欲求を満たして労働者を肉体的にも精神的にも、また物質的にも文化的にも豊かにするという労働者自身の願いを実現するためにあるのではない。そうした労働者自身の希望は搾取されて少なくなった分け前としての賃金によって間接的に満たされる他ない。資本主義である限り必ず搾取されるので、不景気だったり企業の収益性が低い場合は合法の範囲で賃金は最低水準に抑制される。そうした不利な状況でも搾取がなければ労働者は高い水準の分配が受けられるが、搾取が前提の資本主義ではワーキングプア状態が容易に現出する。

4　転倒した人間関係の最終形態としての資本主義

ではこうしたこれまでの歴史の主要傾向はどう評価されるべきなのか?

マルクスは率直に考えていたようである。そして率直なために、直観的にも納得できるものである。

つまりこうしたこれまでの歴史、そしてそうした人類の前史の最終形態である資本主義は、転倒した人間関係であると。

社会の富を産み出すのは労働であり、労働が実現される労働過程の主体は労働者である。ならば労働者こそが社会の主人公でなければおかしいのであって、労働者が主人公になっていない社会は本来あるべき姿から転倒していると判断することは、ごく自然な推論だ。

労働者が富を作り出しているのに、労働者は自らが作り出した富を意のままにできずに、賃金という搾取のフィルターを通してしか自らの取り分を得られず、本来は得られるべき分を奪われているのは不当に思えるが、賃労働は当然の常識だというイデオロギーのために、資本主義は転倒せずにきちんと正立した社会だと、資本主義に生きる我々はすっかり信じ込まされている。それは奴隷制の社会に生きていれば一人の人生を丸ごと全部金銭で買ってもおかしくないと思い込むのと同じ心理メカニズムである。

こうしてこれまでの人類の前史は今に至るも人間関係の転倒の歴史である。だから人類が人間らしい本来の歴史を始める本史の開始である社会主義では、転倒した前史とは人間関係の配列が逆さまになる。

社会主義的生産過程は資本主義とは異なり、労働者が理の当然として社会的総生産の主体となる。労働過程の主体である労働者と社会的生産過程の主体である資本との関係のように、労働過程の主体と社会的生産過程との不一致は解消され、社会全体の総過程も労働過程同様に労働者は主体となる。社会主義にあっては階級社会の基本性格を与える労働者と生産者の対立は解消され、労働過程と生産過程の主体は統一される。

資本が労働過程を手段として用いて、労働者が望まない資本蓄積の道具として労働者を使役する資本主義に代わって社会主義では、社会的生産過程は労働者のアソシエーションによって営まれる。労働者アソシエーションの代表は労働者によって常にリコールされうる労働者の代理人（デレゲート）であり、労働者を上から支配する資本家や監督ではなくて、労働者の意を汲んで労働者のために生産過程をマネージメントする管理業務従事者である。

少人数で構成されていたとされる原始的な共同体生活を脱して以来、どのような社会であっても経済過程をマネージする管理層は必須であり、そうしたマネージャーの存在は欠かせない。革命が成功した暁には人は誰に言われるともなく旧社会よりも合理的で調和のとれた社会運営が自ずと可能になるだろうという想定は、バクーニンのようなアナーキストが陥りがちな楽天主義であり、アナーキストを批判するレーニンも革命後しばらくは批判対象であるアナーキスト同様な甘い見通しの上に立っていた。そのツケが戦時共産主義政策の破綻となし崩し的なネップの導入だったのである。

5　ソ連は資本主義だったか？

こうして社会主義とはどのような社会なのかが明らかになった。同じようにマルクスの名を冠しているとはいえ、当のマルクスとは根本的に異なる理論構想であるマルクス＝レーニン主義ではなく、マルクス自身に基づきマルクスの萌芽的構想を拡張せんとするスタンスで社会主義のメルクマールを考えてみれば、それは何よりも労働過程と生産過程の主体が相違せずに一致し、労働者のデレゲートに率いられた労働者のアソシエーションが社会的総生産過程の導き手となった社会ということになる。そしてこのことは、まさにソ連が社会主義では有り得ないという証拠ともなる。

ソ連はスターリンによる支配が確立して以来、書記長という官僚の長によって労働者が支配される官僚支配社会だった。ソ連には確かに資本家は存在しなかったが、ソ連の官僚組織は資本主義での資本と同様に労働者から切り離され、労働過程を手段とすることで労働者を客体化していた。ソ連での労働過程もまた、資本主義同様に疎外されていた。

こうした疎外された労働に基づいて構成された生産様式は、スターリン批判後も変わらず維持され続けた。スターリン批判後には過度の個人崇拝は抑制され、相変わらず思想弾圧は続いたものの、スターリン時代のように体制批判者を強制収容所に収監してダム建設に駆り出すような、社会主義の名を汚す奴隷的使役のような暴挙は行われなくなったとされる。密告が奨励された暗黒社会が如きスターリン時代と比べれば、確かにましになった点も多かった。しかし変化したのは主として政治やイデオロギーといった上部構造領域での話であって、肝心の経済的土台の次元では、スターリン時代も批判後も基本構造は変わらなかったのである。

ソ連の社会の土台はそれが確立して崩壊するまで一貫して、労働者から疎外された生産物が労働者に対向して労働者を支配するという人類の前史に特有の構造を共有していた。ただし疎外された生産物が転化するのは資本主義では資本だが、ソ連では官僚だった。そして官僚の上層部であるノーメンクラツーラは資本家同様に労働者から搾取した富によってブルジョアと同じように労働者にはできない贅沢な暮らしを満喫していた。

この意味でこうした「赤い貴族」はまさに「ダラ幹」というにふさわしい堕落分子だった。しかしソ連やソ連型現実社会主義ではこうした堕落も、「労働者代表」の当然の権利として正当化されていた。この意味ではソ連やソ連型社会主義は資本主義以上に悪質な面があったと言わざるを得ない。

資本主義のブルジョアも自らの富裕の源泉が搾取した労働者の富であることを認めないが、しかし流石に自らを「労働者の代表」だとは見なさない。労働者が貰うのが「給与」なのに対して、「役員報酬」だからこそ給与よりもずっと多額が受け取れると考えている。自らが労働者でないから労働者よりもリッチになれると思ってるのが、資本主義でのブルジョアの平均的な心理状態だろう。実際ブルジョアは労働者ではないからこそ、労働者の上に君臨できるのである。

ノーメンクラツーラも労働者ではないし、その富の源泉は資本家同様に労働者への搾取にある。しかしノーメンクラツーラは現実社会主義では労働者の「親愛な同志」とか「尊敬すべき指導者」とかいって賛美されていた。現実社会主義内部では資本主義とは内容的に正反対のイデオロギーが喧伝されていたのだが、その実際的機能は資本主義と同じだった。疎外された労働の結果としての疎外された生産物による労働者の搾取という現実を隠蔽するというのが、現実社会主義内部での体制擁護イデオロギーの主要な機能だったのである。

この意味で、明らかにソ連は社会主義ではなく、むしろその本質においては資本主義といっても差し支えのない社会だった。

マルクス的観点からすれば、その社会の基本性格は政治的上部構造ではなくて経済的土台によって規定される。また経済それ自体は流通よりも生産過程の契機が主要な規定因となる。そしてソ連社会の生産過程の基本性格はそれが資本主義同様に疎外労働によって営まれていたということだった。ここからすれば、ソ連は明らかに資本主義といえる。

ではソ連は資本主義なのかと言えば、通常の資本主義と比べて、そう断言するのに躊躇させる重大な相違点がある。それは経済活動の目的が資本主義とは明らかに違う点である。

資本主義の目的は資本蓄積であって、その方法は無目的な利潤追求である。何かのために貯めるのではなくて、儲けそれ自体が自己目的化し、儲けるために儲けることが経済活動の基本方針になっている社会。これが資本主義である。ではソ連でもノーメンクラツーラは資本家のように資本蓄積を究極目的として、利潤追求にしのぎを削っていたのだろうか？　決してそんなことはあるまい。

ノーメンクラツーラが求めていたのはまさにその名の通り自らのランクを維持し出来るだけ上げることと、下がらないように保身することだった。ノーメンクラツーラにとって政治的支配は資本主義のように資本蓄積のための手段ではなく、それ自体が最高目的だった。ここからソ連社会それ自体の基本性格も自ずと明らかになる。それは自らの体制を維持し永続化させることそれ自体を目的とした社会である。言い換えれば、ソ連社会及びソ連社会の土台であるソ連的な生産様式の目的は資本主義のように資本蓄積ではなく、ノーメンクラツーラの支配するヒエラルキー的官僚体制としてのソ連共産党支配という上部構造をそのまま存続させることとそのものだということである。

この際、共産党支配を正当化する名目として、スターリン没後のフルシチョフ時代以降は、既にソ連は共産主義に向かう途上の社会主義であることが強調された。

しかしこれは欺瞞であって、ソ連がその生産力を幾ら高めても共産主義に到達するはずはなかったのである。なぜなら共産主義になるにはそれ以前の段階として社会主義にならなければいけないのであり、それはソ連レジームそれ自体の放棄を意味するからである。ソ連が共産主義になるためには、まずはソ連がその名の通り労働者代表ソビエトによって運営される社会として、本物の社会主義にならなければならない。しかしそのためにはスターリン以来確立されたソ連の政治支配体制それ自体を否定しなければならないからだ。

結局ソ連は社会主義ではなかったのだから、いくらあがいても共産主義を実現することなどできなかったのである。

こうしてソ連はその生産の基本性格が労働の疎外にあるという、経済的土台の基本性格という点では資本主義と同じだし、商品経済を否定せずに正当化しようとしたところも資本主義的な行動様式を踏襲しているが、生産の目的が資本蓄積ではなく政治支配それ自体なのが明らかに資本主義と異なっている。

資本主義では政治支配は資本蓄積のための手段であって、常に資本蓄積に有利な政治勢力が選ばれ、利潤追求を放棄して資本蓄積の妨げるような政治勢力は早晩に首がすげ替えられる。しかしソ連やソ連型社会主義諸国での経済運営は明らかに資本主義のように利潤追求を第一としたものではなかった。そこで行われたのは共産党の威信を高め、共産党支配の正当性をプロパガンダすることを第一目的とした経済政策だった。資本主義では経済が主で政治は従だが、ソ連型社会主義では経済は政治支配に完全に従属し、政治支配のための手段となっていた。

こうしてソ連は疎外された労働によって営まれるという最も根本的な次元では資本主義と同じだ

が、資本蓄積を目的としていない社会という副次的ではあるが、やはり重要な次元では資本主義とは異なる社会である。そして何よりもソ連は労働者が主体となって経済が営まれる社会主義ではさらさらなく、労働者の行う労働過程が疎外されて、疎外された生産物が怪物的に転化した官僚制度に支配された抑圧体制だった。

こうしてソ連とは何かと言えば、それは社会主義ではなく資本主義によく似た独特の抑圧社会ということになろう。

あるいはこれが、レーニンが目指した「国家資本主義」の顛末だったと言えなくもない。

確かにソ連は資本主義ではあったが、国家の部分が異常に肥大化して、もはや資本主義とは言えないくらいに歪な形になった資本主義と言うこともできようからだ。

いずれにせよ、ソ連はその自称に反して社会主義でも社会主義への過渡期でもなかった。ロシア革命は社会主義革命ではなく、ロシア革命は旧体制を転覆せしめたという意味では確かに成功した革命であったが、社会主義革命という意味では明らかに失敗した革命だった。

このことが意味する理論的帰結は全くもって自明である。ロシア革命が社会主義革命ではなく、ソ連が社会主義ではなかったのだから、ソ連の崩壊は社会主義の不可能性を何ら意味しないということである。

ソ連の崩壊が示唆するのは社会主義の不可能性ではなくて、社会主義実現の難しさである。その内実は社会主義ではなかったとはいえ、当事者の意図としては確かに社会主義を目指した革命と革命後の社会が失敗に終わったということは、余りにも壮大な歴史の皮肉である。

結果的には社会主義ではなかったとはいえ、だからといってソ連の経験を全く省みることなく切り捨てるというのは、これからの社会主義を目指すスタンスにある者の取るべき作風ではない。ソ連は確かに社会主義ではなかったが、通常の資本主義とも異なる独特な社会であった。看板倒れではあったがソビエトが主体となった国家という、それ自体は正しい理念を掲げた社会ではあった。もし現実が理念通りだったのならば、ソ連は実際に社会主義への過渡期と言っていい社会になっていた。なぜ理念が実現されずに変質したのか、そもそも理念それ自体が初めからプロパガンダのための美辞麗句に過ぎなかったのか、解明されるべきことは多々ある。

どうして労働者主権を謳う社会がノーメンクラツーラのような「赤い貴族」とも呼ぶべきダラ幹に支配される社会になったのか。結局いくら高邁な理念を掲げても、人間のやることは看板倒れに終わる運命にあるのか。

こうして並べていくとソ連とは今でも、実に話題豊富な反面教師ともいうべき存在である。この意味で、社会主義の理想を語る際には必ずソ連の教訓を振り返る必要があることは、これからも変わらないと言えるだろう。

第7章　旧ユーゴスラヴィアの教訓

ソ連は一般常識の世界では「社会主義国」であり、マルクスの思想の地上世界での実現だと思われてきたし、現代でも通俗的なレベルでは広くそのようなものとして観念され続けている。そのためソ連の崩壊は社会主義それ自体の失敗であり、社会主義の思想的根拠であるマルクスその人の理論的可能性の消滅だとも思われている。

確かにソ連は憲法で自らを社会主義だと規定し、実際に資本家はいなかった。しかしその実態においては資本主義同様に疎外された労働生産物が労働者を支配する社会であって、資本主義での資本家に替わって国家官僚が社会的生産過程を支配する資本主義に類似した社会だった。

このためソ連の崩壊は社会主義の失敗ではなく、ソ連が失敗したという事実は論理必然的に社会主義が不可能なことの実証にはならない。

ただし、ソ連の崩壊は決して社会主義一般の失敗例ではないが、間違いなくソ連に体現されたような種類の社会主義の失敗ではある。それはまさに、その名前通りに「ソ連型社会主義」と呼ばれているし、またそう呼ぶべき形の社会主義の失敗である。

1　実質を伴わない形式としてのソ連型社会主義

ソ連型社会主義を特徴付けているのは実質を伴わない形式主義である。

私的所有の形式的否定としての国家所有と、市場経済の形式的否定としての計画経済である。いずれも何のためにそれを否定するのかという目的が忘却され、ただ形式の外観が整っていれば既に社会主義が実現したとの錯覚によって成り立っていた社会である。

私的所有は疎外された労働の結果なのだから、私的所有を否定する目的は私的所有を生み出さないような労働疎外の克服である。生産手段を所有する主体が私的企業から国営企業になっても、そうした国営企業を運営する国家官僚が労働者を疎外し続けていたのでは、私的所有を否定した意味がないのである。

市場経済を否定する目的は、労働力が商品化されることによって労働者である人間の個性的な人格が抽象的な物のように一面化されること。物ではない人格的存在である人間が商品のような物件になってしまうこと。Person が Sache になってしまう Versachlichung（物件化）を引き起こすからである。

いずれもソ連で克服されるどころか、資本主義とは違う形で存続した。ソ連では確かに資本家はいなかったが、労働者の生産物を奪って労働者を支配する官僚が、資本主義同様に労働過程を手段化し、社会的生産過程を主導していた。

レーニンによって必要悪として導入されたネップはスターリンによって打ち切られ、「5か年計画」に基づく「計画経済」が導入されたが、貨幣経済自体は存続され、貨幣による物件化を克服しようという問題意識は元より存在しなかった。それどころか、市場経済それ自体が自然的な経済法則とされ、同じ市場経済でも「社会主義的市場経済」だからよいという没概念的な俗論が公式の経済学説として喧伝される始末だった。こうした奇説が大真面目に唱えられたのは、ソ連の経済が実際には社会主義ではなく国家主義的に歪められた資本主義の変種に過ぎなかった現実を、そうした社会を主導する独裁者であるスターリン自身の権力とカリスマによって糊塗するためだった。

それにしても、こうしてソ連社会主義を振り返ると、明らかにその実践が不適切な理論に立脚していたことが分かる。ロシア革命を主導したレーニンも、トロツキーらとの権力闘争に勝利し、実際に国家としてのソ連の骨格を作り上げたスターリンも、自らはマルクス主義者として、マルクスの思想に依拠していると信じていたが、実際にはカール・マルクスその人のとは異なる理論構想に基いて革命を行い、現実に革命後の社会を築いたのだった。

マルクス自身の社会主義構想は既に示したように、そこにおいては労働者が自らの生産物に支配されず、人格的な人間が貨幣で売買される商品のような物件にならないような社会だった。こうした疎外と物件化をいかに克服していくかというのがマルクス自身の理想社会構想の前提である。しかしレーニンもスターリンにも、そして彼らに限らずソ連を社会主義の実現だと見なした当時のマルクス主義者も押しなべて、疎外を止揚して全体的存在としての人間性を開花させるという、そもそも何のために資本主義を批判してこれに代わる新社会を実現すべきかという究極目的が、明確に理論化されていなかった。

この意味で、ソ連の失敗が意味するのは世間一般の表象とは裏腹に、マルクスの誤謬の実証例どころではない。ソ連の体験はむしろ、なぜマルクス主義を称していながらマルクスその人とは乖離した理論体系がマルクスの名の下に体系化されたのかというように、ある思想が歴史の進行の中で歪曲されたのかという歴史の皮肉を反省して、今後の社会主義運動の中でこうした歪曲をどうすれば防げるのかという大きな教訓であり反面教師だということになろう。

2 労働者自主管理

これに対して、同じように現実に存在した社会主義であるにもかかわらず、ソ連と一線を画すのは旧ユーゴスラヴィアである。なぜならユーゴの社会主義はこれを体制側で担った側も左翼反対派的な立場から批判的にユーゴ的社会主義構想を支持した「プラクシス派」のような知識人たちも共に、ソ連型社会主義がつかめなかった正しい方向でマルクス的な社会主義構想の神髄をつかみ、反対派的な知識人に至っては、マルクスの神髄がはっきりと疎外論にあることを明確にして、疎外論に基づく解放思想としてのマルクス主義という、正しい理論構想を提起していたからである（プラクシス派について詳しくは、マルコヴィチ他著、岩淵慶一・三階徹編訳『増補　マルクス哲学の復権：「プラクシス」派の歴史と哲学』時潮社、１９８７年、参照）。

ユーゴの体制側もラディカルな批判者も、社会主義とは労働者自主管理であると適切に理解してこれを自国社会の理念として掲げ、反対派はさらに理論的探究を深めて、労働者自主管理の哲学的基礎としての疎外論の重要性を強調し、マルクスその人の理論に基づく社会主義理論の正しい方向性を示していた。

ソ連は自国を決して労働者自主管理社会だと称しなかったし、それどころか労働者自主管理を国是としたユーゴ社会及び指導者であるチトーやカルデリらを「ブルジョア修正主義者」とレッテルを張り、ユーゴはそもそも社会主義ではないと敵対していたのである。

つまりソ連及びこの論点ではソ連に追随した中国をはじめとする現実社会主義の主流的多数は、社会主義のメルクマールを労働者自主管理に見ることを拒否し、「計画経済」を労働者自主管理とは別のものとして考えて、そうした計画経済としての自国の正当性を喧伝していた。

しかしこれはマルクスの理論を少しでも振り返れば、明らかにおかしな方向性であることが分かる。マルクス自身が「計画経済」という言葉を使わなかったのはおくとしても、確かにマルクスも資本主義的な無政府性の克服を念頭に置いていたのは間違いない。しかしマルクスの観点からすれば、そうした経済計画及び無政府性の克服はあくまで手段であって、労働者の解放と自己実現が目的なのである。それだから経済を計画的に運営するのが社会主義の核心だとしても、労働者の解放という目的からすれば、誰が何のために計画するのかという、計画の主体と目標こそが重要になる。

経済を資本主義的な無政府性から救い出して計画的に運営するという理念と方向は確かに正しく

社会主義的だと言えるが、問題は誰がどう計画するかである。計画経済によって市場のもたらす無政府性を抑制できたとしても、そうした経済の実態が、同時に主要な消費者でもある労働者の欲求を暴力的に抑圧したものであったなら、そうした「計画経済」は資本主義とは別種の疎外社会をもたらすに過ぎないということである。

既に見たようにまさしくソ連ではこうした抑圧が現実のものとなっていた。ソ連の計画経済は実際には自称の域を出ず、商品貨幣経済は克服されずに計画経済の実態は価格弾力性の硬直した市場経済に過ぎず、資本主義のような極端な貧富の差がないことをアピールするために通常の商取引と並行して配給制を実施したりして「労働者国家」の体面を保つ程度のことしかできなかった。言うまでもなくこうしたことはソ連だけのことでなく、ソ連型社会主義に共通して言えた特徴だった。

しかも貧富の差がないと言ってもそれは資本主義に比べてのことで、ノーメンクラツーラは実際には資本主義の富豪とさして変わらない消費生活を謳歌していたのである。最も極端で醜悪な例はルーマニアのチャウシェスク夫妻で、個人崇拝を推進して「労働者の父母」のように国民に崇敬されながらも、実際には全く労働者にふさわしくない大邸宅に住み、資本主義でも大ブルジョアにしかできないような贅沢三昧な生活を送るという度し難い堕落の中にあったのである。

こうしてソ連型の計画経済が労働者の幸せをもたらすどころか、資本主義とは別種の労働者搾取でしかなかった事実と、ソ連及びその追随諸国が理念として労働者自主管理を否定していたことは理論的に対応している。

計画経済が名目だけのものであり、資本主義とは別種の抑圧経済に過ぎないものでなくするためには、労働者自身が計画のヘゲモニーを握ることが決定打となるはずだが、予め理念として労働者自主管理を否定されていたら、労働者のためになる計画経済が実現される道は初めから閉ざされてしまうからである。実際、ソ連型社会主義では労働者自主管理の思想的核心である、社会をマネージメントする主体は誰かという問題意識は後景に退いて、計画経済だから社会主義だという名目の下に、誰がどう計画するかという問題意識は消え去り、国家が計画しているから社会主義だという形式主義で問題の本質を隠蔽したのである。

その結果が国家官僚とその上澄みであるノーメンクラツーラによる経済支配であり、官僚が主体となって労働過程を客体化して生産を実現するという、資本主義と同じ構造の経済運営であった。この意味で、労働者自主管理はこうした現実社会主義の疑似社会主義への堕落を防ぐメルクマールとなる理念である。だからこれを国是とした旧ユーゴスラヴィアはソ連とは異なり真の社会主義を実現できたということなのかと言えば、残念ながらそうではない。旧ユーゴ社会もまた、少なくともその社会が社会主義だと言えるような内実を実現できずに終わったのである。

3　理念と実態の乖離

ただしその経済の実態と失敗の現実は、同じように失敗に終わったとはいえ確かにソ連型社会主義とは異なるものがあった。ユーゴでは掛け声ばかりで実態が伴わなかったとはいえ、確かに労働過程を民主化して、経済運営の基本方針を労働者自身の協議によって決めるという施策が実施されていた。この点で確かに旧ユーゴの社会主義は、マルクスの社会主義構想とは根本的に離反する理論に基づいて実施されたソ連型の現実社会主義とは一線を画すものがあった。しかしこうしたユーゴ型社会主義も、ソ連型とは異質ではあるが、結果的には類似した理由で失敗に終わった。

それはユーゴ経済もまたソ連経済同様に効率が悪かったからである。

ただしその理由が異なる。ソ連経済の非効率は資本主義的商品経済ではスムースに商品が流れるような場面で一々官僚による干渉が生じたからである。資本主義ならば私人間の商取引で第三者の介入が生じないような場面でも、一々許認可や規制、それに行政指導の類の干渉が頻発した。もちろん、資本主義でも経済活動は無制限にできるわけではなく、様々な許認可が必要だが、その主要な目的がソ連型社会主義とは異なる。資本主義での規制は独占禁止法が象徴的なように、主に市場メカニズムの作用を停滞させるのを防ぐために行われる。しかしソ連ではむしろ国営企業が積極的に市場を独占することを奨励していた。例えばソ連の音楽産業はメロディア社という国有一社の独占状態だった。つまりソ連の経済規制は資本主義とは異なり文字通りの規制であって、効率性を省みることなくひたすら市場の主導権を国家が握り続けるために行われていた。この意味で、ソ連経済の停滞はむしろソ連官僚自体が望んだ結果でもある。そして経済を停滞させることを厭わないソ連官僚の行動様式は、ソ連が疎外社会という意味では資本主義と同じでありながら、なお普通の資本主義とは異なる特殊社会であることに由来する。

ユーゴもまた、市場の効率性よりも大きな価値を優先した。ただそれはソ連のように国家官僚の指導ではなく、労働者自身の協議である。ソ連では官僚がやっていたことを、労働者自身が協議して行おうとしたのである。労働者ではない官僚が労働者の上にあって労働者を指示監督するような社会は疎外社会だが、労働者自身が協議を行う社会は疎外社会ではない。その意味で、旧ユーゴは少なくとも経済運営の理念の上ではソ連のような疎外社会ではなく、むしろ疎外を克服していく過程としての社会主義にふさわしいものであった。しかし問題は、そうした正しい理念が実体を伴っていなかったことである。

理念と実態の乖離は、時と場合によって様々な形で現象した。例えばユーゴの工場では責任者は労働者の中から選挙によって選ばれた。これ自体は正しい。そして選ばれた代表はあくまで労働者の代理人（デレゲート）として、特別に優遇されることはなく、重い責任のみが課された。これまた理念的には正しい。選ばれた代表はただ選ばれたという責任感と皆に選んで貰ったという誇りのみを糧として任務に当たるべきだというのは、建前としては正しいのだが、こうした建前を実行するには極めて高い徳が必要になる。

工場長や現場監督は自主管理企業の責任者として、資本主義企業では無視していい労働者の要望を細かくフィードバックする義務を有する。長や責任者と言っても名前だけのことであって、資本主義のような実質的な権力は有していない。不満を持つ労働者を上から押さえつけることはできない。

明らかに労働者にとっては資本主義より恵まれた職場環境だが、こうした理念重視のために資本主義では争って得るポストであるマネージメント担当の希望者がいなくなったり、むしろ嫌々押し付けられるものになってしまった。原因は明らかで、担わされる仕事量と報酬が釣り合ってなかったからである。

資本主義と異なり生存に必要な生活財が保障されている社会主義で、必要以上の収入を得ようとするのはブルジョア的所有欲を払拭できていないのだと、言わば言える。確かに資本主義のブルジョアのように極端に高額な宝飾品や豪邸を求めるのは否定されるべきで、過度の贅沢は社会主義で許される余地はないが、平均的な収入では味わうことができないような一寸とした贅沢を求めるような程度までも許さないのは、無理があった。通常よりも責任が重かったり、負荷が高い労働には相応の手当てが加算されるべきで、誇りや皆の期待のような精神論だけでやっていけるというのは余りにもお人好しの空論である。

確かに労働者が自主管理するような社会になれば人々の精神は陶冶され、人心のあり方は肯定的に変化するのは間違いないだろう。高徳な振る舞いを自然に行えるような人口が増えていくのは間違いない。しかしあくまでそれは世代をまたいだ長期の過程になるはずで、革命後間もない時期に人々が俄かにそうした「社会主義的人間」に強制されることなく自発的に変化するだろうなどというのは無根拠な楽観に過ぎない。

4　市場社会主義の否定

それでも革命前に長い市民社会の伝統があり、既に成熟した公民意識が多くの人々に共有されているという社会ならば、そうした楽観が許される余地もある。しかし旧ユーゴはそうした社会ではなかった。

同じように、革命前に既に社会全成員の消費欲求をかなり高い水準で満たせるような発展段階に達しているのならば、ブルジョアが労働者から奪う富を労働者に均しただけで高い生活水準が保障されるのであり、長や責任者だからといってより多くの財を欲する心性が撲滅されうるかもしれないが、これまた旧ユーゴとは程遠い話だった。

この意味では、現代の先進資本主義諸国ならばこうした物質的条件が十二分に満たされているため社会主義に移行できない理由はないが、これはまた別の話である。

ともあれ革命前の旧ユーゴスラヴィアはロシアがそうであったように、マルクスが革命の前提条件として想定したような生産力の高度発展した社会ではなく、成熟した市民社会とは程遠い低生産力社会に過ぎなかった。こうした前提条件の欠落が、正しい理念を画餅にしてしまう背景となった。

この意味で、革命後のロシアでレーニンをはじめとする当事者たちがエンゲルス譲りの楽観主義に基づいて実施した当初の希望的観測が実地で否定され、「戦略的後退」であるネップによって一息ついたように、資本主義遺制である市場経済の存続や再導入が、革命後間もない社会の運営にとって必要となる場合がある。実際ユーゴにおいても自主管理経済が比較的順調に機能していたのは、市場経済が大きな割合で導入されていた時期だとされている。

ところが自主管理社会主義としては、市場経済はあくまでも否定されるべき資本主義遺制に過ぎない。また、ユーゴはソ連のみならずソ連と激しく敵対した中国とも袂を分かつ独自路線を貫いたため、他の現実社会主義諸国からは一律にブルジョア修正主義とレッテル張りされ、スターリン主義への対抗からマルクスへの原点回帰による意趣返しとして正しく提起された「自主管理社会主義」も名ばかりの社会主義であって、実質は資本主義と変わらないというイデオロギー攻撃を受け続ける運命にあった。社会主義としての正当性を主張するためには、市場社会主義もしくは市場を重視した社会主義に留まることは許されず、市場を克服した社会としての実質を誇示する必要があったのである。

そのためユーゴ当局は1974年に大幅な法整備を行い、自主管理原則を個々の労働過程のみならず流通を含めた経済全体の基本原理となるような社会設計を行ったのである。

こうしてユーゴは文字通りの「自主管理社会主義」として、労働過程のみならず経済全体を、資本主義的な市場原理を止揚したまさしく社会主義的な原則である労働者の協議によって運営するという方針を打ち出し、実施に移った。

その結果は最終的には、個々の労働過程で現れた機能不全の経済全体への波及であった。

市場を協議に変えることによって確かに経済過程は民主化したが、適切な経済運営を実現する意図で法律は複雑化し、許認可は煩雑を極めた。ソ連型社会主義のように官僚が特権的地位を得て労働者を抑圧することは正当化されなかったが、市場を原則的に否定した社会はソ連と同じように官僚の介入を要請した。加えて官僚が素直に権力を振るうことを許されたソ連社会に比べて労働者の意向を汲み上げる努力を必要とした分、経済過程それ自体はソ連型社会主義よりもなお一層非効率になる傾向を有した。

また、労働者自主管理とは言え実際にはやはり官僚が大きな役割を果たす社会である実質と照応するように、自主管理社会主義と政治の関係に大きな歪みが生じていた。

5　一党支配

自主管理は経済的土台のみならず社会全体を貫く根本原則であり、政治過程も当然自主管理を原則にして行われる必要がある。自主管理社会主義社会の政策はまさにそうした自主管理社会主義を建設し発展させていくという基本理念で統一しているが、それ以外は政治の主体である労働者が個々の人間としては多様であるように、多様な政治的志向を許容できる寛容さが必要とされる。そのため自主管理社会主義の政治は一党独裁ではなく、自主管理理念を共有するという前提で多党制もしくは衛星政党に留まらない実質的な多数政党政治が望ましい。たとえそれ自体が適切な理念である社会主義が実現しても、暴力的な反革命による転覆を企てない限りは、思想信条や政治政党活動の自由は保障される必要がある。

ところが旧ユーゴは経済政策では自主管理を掲げていても、政治はユーゴスラヴィア共産主義者同盟の一党支配だった。

当初はスターリン主義者だったチトーがスターリンと袂を分かち、自国の社会主義を正当化するために打ち出したのが自主管理だった。そのため旧ユーゴでは自主管理はチトー主義イデオロギーと一体化していて、チトーの領導する共産主義者同盟の基本スローガンとなっていた。このため自主管理原則は政治の領域では、既存の共産主義勢力の存続を大前提にするという形で、予めタガがはめられていた。自主管理を高次発展させる目的で新たな政党を立ち上げるといった、社会主義発展という観点からは望ましい政治姿勢は、反革命として弾劾される運命にあった。つまりユーゴ当局は、自らの政党が既に労働者の意欲や欲求を完全に受け止められる器として成熟していると宣言し、労働者と既存の共産主義勢力との間の利害の対立は存在しないと主張していたのである。

そのためチトー主義を作り上げた主導的イデオローグであるエドヴァルド・カルデリは、「社会主義的自主管理民主主義の制度は、多党制か一党制かの形態にかかわりなく、まさに政党による政治的独占の否定として発展している」（山崎洋訳『自主管理と民主主義』大月書店、1981年、78頁）のだから、西側の観察者が共産主義者同盟の政治支配をもって一党独裁とするには当たらないとする。なぜなら共産主義者同盟は自主管理を目指す労働者の利益を完全に受け止められているために、もうこの一党だけで社会主義の理想を実現するのに過不足ないからだとした。つまり表面的には一党独裁のように見えても、この一党だけで労働者のニーズを実質的にカバーしきれるので、旧来のように多様なニーズを抑圧する一党独裁とは異なるというわけだ。だからカルデリは、ユーゴは現象的には一党制のように見えても実質的には一党制に非ずとしたのである。

しかしこれはきれい事であり、体のいい詭弁である。同じようなことはソ連共産党も言っていた。共産党は労働者政党だから原則的に労働者との利害対立はあり得ないくらいのことは。共産党と労働者の間に利害対立が存在しないというのはソ連を始めとした現実社会主義に共通した建前だったのだ。

ソ連との類似は、旧ユーゴにもスターリン時代のソ連までに苛烈なものではなくても、秘密警察や強制収容所が存在していたことが動かぬ証拠となっている。実際カルデリと並ぶ自主管理社会主義の主要イデオローグでユーゴの副大統領だったミロバン・ジラスは、共産党支配と自主管理原則の不一致を率直に表明し、政治領域での十分な自由を求めたがために反革命規定され、思想犯として長期にわたって収監されていたのである。当然こうした弾圧は、ジラスのように権力闘争に敗れた政治指導者のみならず、広く知識人や国民一般に対して行われていた。スターリンのような大量処刑は行わなかっただけまだ救いがあったものの、ユーゴの共産党支配の実質はソ連共産党支配と類似したものであり、スターリン主義を否定しているはずのチトー主義もまた、政治支配の現実としてはマイルド化されたミニ・スターリン主義ともいうべき実態だった。

6　自主管理社会主義は画餅か?

こうして旧ユーゴスラヴィアはスターリンとの路線対立により、ソ連とは異なる社会主義構想である「労働者自主管理」を掲げて、独自の社会主義建設を目指した。理論的に見れば、生産手段の国有化を社会主義のメルクマールと見なしたソ連及びソ連型社会主義諸国と比べて、労働過程の民主化に社会主義の核心を見出したユーゴの路線は、マルクス自身の社会主義構想に則ったものであり、成功裏に実現すれば少なくともマルクスその人の理論の実証例となるはずのものだった。

しかし当然、経済的土台のみならず政治的上部構造にまで及ぶはずの自主管理原則は、ソ連と同様の強権的な党独裁体制によって裏切られていた。そして経済運営の実態としても、出発点となるはずの生産力の成熟に程遠い前提条件に規定され、労働者の総体的な意識も自主管理原則を実現できるまでに高まっていなかった。こうして自主管理社会主義を実現するための諸条件が悉く不足していたため、理念ばかりが先行して実際の経済運営は機能不全に陥っていた。

こうしてユーゴもまたソ連同様の失敗に終わった。ただし同じ失敗でもソ連とユーゴでは意味が大きく異なる。

ソ連もユーゴも共にマルクス主義を国是とし、カール・マルクスその人の共産主義構想の地上的実現を謳っていたが、ソ連型社会主義はマルクスとは根本的に異なる社会主義像に立脚していた。従ってソ連の失敗は歪曲されたマルクス的構想の失敗ということになる。ここから社会主義を目指す主体がソ連崩壊から汲み取るべきは、適切な理念の歪曲とイデオロギーに拠る歪曲の隠ぺいを許さないという教訓である。

これに対してユーゴにもまた政治的上部構造においては党独裁による労働者の抑圧というソ連同様の歪曲があったものの、労働者自主管理による労働過程の民主化という社会主義建設の中心構想自体はマルクスその人の理論の延長線上にあるものである。従って汲み取るべきは歪曲と隠蔽というよりもむしろ、それ自体は正しい理念が実現に必要な前提条件が揃う前に強行された際に起こる失敗の実例である。

いわばソ連がそもそも誤解されたがために失敗したのに対して、ユーゴは正解ではあったがなお失敗したということだ。

この意味で、ユーゴの失敗はソ連の失敗以上に深刻な問いを投げかける。つまり本当に我々人類は資本主義に代わる未来として社会主義を望み、これを実現できるのかと。さらには、仮に社会主義が実現できるとしても、それは我々にとって望ましいのか、その実態を知ってでもなおそれを望むのかというような問いである。

自主管理によって労働過程を民主的に運営することは確かにマルクスその人の社会主義構想であり、目指すべき理想としても適切だと思われるが、これはまた明らかに「面倒臭い」過程でもある。資本主義のように市場任せの無政府性でもなく、ソ連型社会主義のように官僚による強権的決定でもない。労働者がきちんと協議して経済を運営しようとする構想である。その意味で、資本主義よりもソ連型社会主義よりも個々の労働者の経済運営への責任や積極的関与が増える。旧来の社会よりも一手間増えるわけである。これを人口の多数が厭わしく感じないまでに必ず人々の心術が陶冶されると断言するのは難しいだろう。

この意味で自主管理社会主義は、理念は正しい画餅のまま留まる可能性も少なくない。

ただし現在はかつてとは状況が変わっている。

資本の論理による環境破壊は深刻さを増し、今や人類の生存可能性そのものが脅かされているからだ。だから必要なのは資本主義の下で野放図に増長し続ける生産力を地球規模で管理することであり、まさにそれは自主管理原則に基づく経済原則の普遍化に他ならないからだ。

人間が自ら生み出す環境破壊を防ぐためには、自らの生産力を自らで十全に管理できる必要がある。まさに自主管理を基本方針とした新社会、つまり自主管理社会主義の地球規模での実現がなければ、地球規模の環境危機から本格的に脱することはできない。

この現状が意味するのは、自主管理社会主義は実現も運営も困難ではあるが、そうした、人間が自らの行いの結果に完全に責任を持つような社会に変わらなければ、真の意味での持続可能性は実現しないだろうということである。無責任な競争を旨とする資本主義から、責任を原理とする自主管理社会に替わることは困難だし、よしんば革命が実現しても、新社会を維持し発展させることはこれまでの人間社会で標準的に見られる各人の選好のあり方からすれば、非常に困難なのではないかという印象も拭えない。

だからといって人間のあり方は不変なので社会主義は不可能だというようなブルジョア・イデオロギーは、生産様式が変われば自動的に人間のあり方も根本的に変わるというような歴史信仰的決定論に基いた旧来のマルクス主義のネガである。どちらも未来予想を断言するという疑似宗教的態度が共通しているからだ。実際には人間には変わるところも変わらないところもあるし、変えようとして変えられるところもあれば、変えようにも変えられないところもある。

政治的上部構造のみならず経済的土台をも協議を原理とした経済に変えることによって民主主義を徹底させることは、資本主義のような上部構造だけの民主主義に比べて社会運営のコストというか、労働者各人の労働外の手間が増えるのは必定で、これを忌避する態度は一概に非難できない。面倒なことは他人任せにしたいという気持ちは自然である。しかし、こうした態度が支配的な作風となっているようでは、自主管理は実現できない。

できないならば無理にやらせればいいというのでは、人類の前史同様の抑圧社会である。実際にソ連型現実社会主義では社会運営が社会主義の主人公であるはずの労働者ではなくて官僚に任されていたのである。

こうした事実から、自主管理原則の全面化した社会は絵空事だということも可能である。しかし確認したように、今後そうした社会を目指すに当たっての前提条件がかつてとは大きく変わっていることも事実である。深刻化する環境破壊が、無責任社会から責任を原理とした自主管理社会への転換を余儀ないものとさせていると考えることもできる。

怠惰な者も切羽詰まれば勤勉な働き者になる。歴史信仰を避けるためには必ずそうなると断言することはできないが、切羽詰まった現状が各人の選好をある程度は変えられるきっかけになり、未来世代がカタストロフを逃れて資本主義的無責任社会から自主管理社会に首尾よく転換し、そうした社会を瓦解させることなく発展させ続けられると予想することは、なお社会科学的思考の枠内に留まっていると思う。

この意味で、未熟で失敗したとはいえ確かに正しい方向での社会主義建設を目指した旧ユーゴスラヴィアの教訓を学ぶことは、ソ連型社会主義の実態を理解し批判すること以上に大きな理論的意義のある作業だと言える。

第8章　中国をどう見るか

現実（に存在）した社会主義と言えばソ連だが、ソ連はその実質も形式も社会主義ではなく、むしろ資本主義によく似た独特の抑圧社会であることを見てきた。それに対して旧ユーゴスラヴィアは、同じ現実社会主義でもソ連と異なり、理論的形式の上では確かに社会主義を志向していたと言っても大過ない内実を備えていた。しかしその歴史的な実践は理念先行が過ぎて社会主義の実質が伴っておらず、絵に描いた餅の経済は大衆の現実的な選好を汲み取ることができずに、結果的に破綻してしまった。またその政治的上部構造も自主管理経済という土台にふさわしく労働者の主権が確立していなかった。反スターリン主義のプロパガンダとは裏腹に、実際にはスターリン主義型の一党独裁政権が、ソ連よりはマイルドだったとはいえ、なお抑圧的なレジームを敷いていた。

この意味で、現実社会主義はその代表であるソ連と、変異種である旧ユーゴが共に崩壊し、その失敗が歴史的に証明されたといってよい。そしてこの失敗が、だからと言ってマルクスの理論構想に基く社会主義の可能性の終焉ではないことも、繰り返し強調してきた。

しかし、現実社会主義は全て崩壊したのではなく、まだいくつも残っている。例えばキューバは、その経済運営がソ連からの援助に大きく依存していたため、ソ連崩壊の打撃を大きく受けたが、多くの予想に反して崩壊することなく、未だに社会主義を標榜し続けている。キューバもまた基本的にはソ連型社会主義の枠内にあり、マルクスに基く視座からは社会主義とは言い難い社会ではある。そうはいうものの、同じ中南米の資本主義諸国と比べて高い医療水準を実現し、平均余命がそれらの諸国よりも長くなっているという事実から、必ずしも失敗した社会とは言えず、独自の価値を生み出した社会として評価すべき面がある。

また国土が近いことにより、直接的な軍事侵攻や経済制裁といった形でアメリカ帝国主義勢力から執拗な妨害工作を受け続けながらも、革命前政府のような対米従属をよしとせず独立を貫き通したことが、同じ中南米の左派勢力に大きな希望をもたらしたという歴史的成果も、見逃すことができない。

このように、崩壊せずに残り続けている現実社会主義諸国にも独自の価値と否定面があり、それぞれ具体的に評価すべきではある。しかし何といっても最も重要でまた理論的にも様々な問題を提起しているのが中国なことには、異論の余地はないだろう。では中国を、マルクスに基く社会主義という本書の視座からはどう見ればいいのか？

1　中国は社会主義ではない

まず現在の中国だが、これを社会主義と見なすのは、どのような理論的立場にあっても無理があろう。

伝統的に社会主義の基本指標とされた市場経済の有無だが、現在の中国は資本主義諸国と変わることなく全面的に展開された市場経済社会である。

資本主義的市場経済は競争によって企業が淘汰され続け、敗れた企業は倒産という形で市場から退場する。中国も市場経済を導入した当初は企業倒産を抑制していたが、現在は資本主義諸国と変わりなく業績を上げられない企業は普通に潰れ、より効率的に利潤を挙げる企業に取って代わる。

資本主義には当然ながら資本の人格化としての資本家がいて、資本家が労働過程を手段として使って資本蓄積を遂行する。中国も市場経済を本格的に導入し始めた当時には、企業長の地位をどう規定するかを試行錯誤していた。しかし現在では普通に資本家だと見なされ、それどころか各企業は株式を発行し、有力な株式所有者が経営責任者を雇い入れるという、資本主義国と同じ形の私企業が経済の中心を担っている。

こうした経済の現実と、共産党が政権を担っていることは激しく矛盾するはずで、流石に資本家が共産党に入党したり、ましてや共産党組織で重きを成すということは、当初は共産党内部でも反対が強かった。しかし今や、「愛国資本家」という奇妙な、全くマルクス主義でも何でもない枠で入党が認められるに至っている。

資本主義を否定する政治勢力であるはずの共産党に大資本家が入党を許され、さらには党内で重きを成すようになっている中国共産党の現状は奇怪としか言いようがないが、この異様な現状それ自体が、中国という国の基本性格を表してもいる。

ではこうした、普通に見る限りでは資本主義としか言いようのない現在の中国を、憲法に定められてその支配的地位が確約されている指導勢力である中国共産党自身が資本主義だと認めているかと言えば、決してそんなことはない。共産党自身の自己規定では、中国は１９４９年の建国以来変わらず社会主義国家であり続けている。ただし現在の中国は、建国当初や文化大革命の時期とは異なり、社会主義は社会主義でも大分資本主義寄りの社会であることを自ら認めている。その言うところによると、現在の中国は社会主義の「初級段階」として「社会主義的市場経済」を発展させている時期だという。つまり社会主義は社会主義でも、独自に中国的な市場社会主義だということである。

一見すると資本主義と同じように見えるが、同じ市場経済でも資本主義とは異なり、やがてそれを乗り越えて共産主義に到達するための方便としての市場ということである。資本主義は市場を永遠の自生的秩序と見なして政治勢力を市場発展の手段とするが、中国の市場経済はそうではない。あくまで共産党が指導管轄し、共産党の下での市場経済であるという点で決定的に異なるというわけである。

確かに資本主義のどの政党も、中国共産党ほどの支配力を経済政策に及ぼすことはできていない。その理由はまさにマルクス主義によってこそ説明できる。政治的上部構造は経済的土台によって規定されるからだ。市場経済によって資本蓄積を追求するのは資本主義という土台にとってのデフォルト条件であり、この条件に適合する限りで政党は存続を許される。従って資本主義において政治的支配政党は土台の維持発展のための手段の位置に来る。どのような強力な政治勢力も、資本主義である限りは資本蓄積を促進する以外の行動原則を取ることはできない。これまでの資本主義諸国で、市場経済を完全に否定し、経済効率を無視してでも社会的公正を追求しようとする政治勢力が長期間にわたって支配的地位にあったためしはない。明確に社会主義を志向する政治勢力が革命を成功させて経済的土台自体を新たな生産様式に変えることができない限りは、反動的な敵対勢力に取って代わられるか、自らの支配維持のために当初のラディカリズムを軟化させざるを得ない。土台が資本主義である限りは、上部構造も資本主義に照応せざるを得ないのである。

これに対して中国共産党の政治支配は奇妙である。建前的なスローガンレベルであっても、はっきりと資本主義を否定する政治勢力であり、実際に改革開放前まではソ連と共通するような硬直した上手く機能しない「計画経済」を土台に押し付けてきた。それが今では通常の資本主義と遜色のない自由な市場経済を、やはり共産党という上部構造に属する政治権力の強権によって実現している。この意味で、中国の現実は、マルクス主義の大前提とは異なり、土台ではなくてむしろ上部構造が土台を規定するかのような外観を呈している。

そうすると、中国の社会主義というのは、マルクス主義を標榜していながら、マルクス主義の認識を超えた次元で、むしろマルクスが間違っていることの反証例ともなっているようにも見える。

これは皮肉だが、事実だとしたら実に興味深くもある。

しかし、こう考えるのは早計ではないか。やはりマルクス主義の基本認識は正しく、現在の中国の政治支配もまた、独自な土台のあり方に規定された上部構造であって、その成立根拠はやはり経済のあり方にあるのではないかということである。

そうなると、市場の否定から肯定という大転換を遂げた中国社会主義の歴史には変わらぬ大原則が貫いていて、建国から文革の失敗を経て現在の改革開放路線に至るまで、なお中国の社会主義のアイデンティティとなるような、最も根源的な基本性格が継続していると考えられるのではないか。要するに中国の社会主義は現象的には大変貌を遂げながらも、なお変わらぬ核があり、その不変の核が中国の社会主義の一貫した基本性格になっているのではないかということである。

それはつまり、中国もまた、その基本性格においてはソ連と同じであり、ソ連と同じ理由で社会主義ではなく、ソ連では行わなかった市場経済の本格導入という面ではソ連以上に資本主義とはよく似ていながらも、やはり資本蓄積それ自体を最終目標にしていないという意味では資本主義とは言い難い社会ではないかということである。

2　資本主義とよく似た独特の抑圧社会

これまでの叙述で既に、どのような社会が社会主義と呼ばれるのにふさわしいのか、マルクスの理論から導き出せる。理想として掲げるにふさわしい望ましい社会主義のあり方は明確になっている。それは労働者のデレゲートが社会的生産過程の主体となって運営される社会である。

中国社会の生産主体は共産党幹部を頂点とした国家官僚である。では中国共産党の指導層は旧ソ連と異なり労働者のデレゲートなのか？　そんなはずはない。中国共産党もまた旧ソ連共産党同様に「党内序列」によって統制される世界であり、序列化された名簿の集合として、その実態はノーメンクラツーラに他ならない。

つまり中国もまた、その根本構造においてはソ連と何ら変わるところはないということである。中国の労働者も疎外された労働過程の中に置かれ、その生産物は国家官僚に搾取されている。確かにソ連は計画経済の建前のために非効率でなし崩し的な市場経済だったのに対して、中国は「初級段階社会主義」イデオロギーによって資本主義に引けを取らない市場経済を実現できている点では異なる。しかしこの相違は本質ではなくて仮象である。効率的な市場経済という流通面では違っていても、流通過程を規定する生産過程と、生産過程の実体である労働過程の基本構造は同じである。それは中国もまたソ連同様に労働過程が労働者から疎外されていることを基本性格として共有しているのである。

そして生産の主体が資本ではなくノーメンクラツーラであることにより、中国もまたソ連同様に資本蓄積それ自体を生産の動機とした社会ではなく、政治支配正当化の手段として資本蓄積を行う「資本主義とよく似た独特の抑圧社会」ということになる。

3　大躍進政策と文化大革命

中国が資本主義のようでありながらも資本主義ではないことは、建国以来の時系列的なイベントを振り返ることによっても確かめられる。

中国は1949年に建国してから幾多の危機を乗り越えて今日に至るが、その最大の危機が文化大革命だったことは疑う余地がない。

文化大革命の直接の原因は、大躍進政策の失敗にある。

大躍進政策はソ連との対抗意識に燃えた毛沢東が、ソ連が経済発展で短期間にアメリカを追い抜くというスローガンを掲げたのに触発されて、こっちはイギリスを追い抜くとして大規模にかけた大衆動員である。しかしその実態は毛沢東のカリスマに頼った無謀な特攻精神とも言うべきもので、社会主義＝大工業＝製鉄という安易なイメージに基いて、知識もノウハウもない各農村に無理な鉄生産ノルマを課したりした。これに手柄を挙げたかったり、逆に失点を恐れたりした地区共産党幹部が追随し、土法炉と呼ばれる原始的な溶鉱炉で粗悪な製鉄作業を行い、当初の意図とは逆に、工業を発展させるどころか大打撃を与えてしまった。無理な森林伐採によって国土は荒れ果て、日本の戦時中の金属供出よろしくノルマ達成のために、そのまま使える鉄製品を土法炉で溶かして鉄屑にしてしまったという悲喜劇が、各農村で展開された。

今も昔も中国の中心産業である農業においては、ルイセンコ学説に基く非科学的な方法が実施され、大規模な損害をもたらした。また、スズメは農作物を食べる害鳥だとして、徹底的に駆除された。しかし後になってスズメはより深刻な害をもたらす昆虫を食べる益鳥だと再認識され、逆にこれを保護するように方針が転換された。だが時遅しで、いったん崩れた生態系のバランスは容易には回復せず、農業生産に致命的な打撃を与えてしまった。

折り悪く大躍進政策の時期は旱魃に見舞われ、誤った農業政策による人災も加わって、大量の餓死者を生み出した。その総数は諸説あり定かではないが、低い数値で1500万人、高い数値で7000万人以上とされており、人類史上最悪の飢饉の一つとされている。しかし通常の飢饉が専ら天災なのに対して、この時期の飢饉は大躍進政策という誤った政治決定の結果の面が強い。大躍進政策をやらなければ、明らかに被害はずっと少なくて済んだのである。

ソ連と同じくノーメンクラツーラである中国共産党の幹部には人民の生活水準と関係なく常に豊かな衣食住が保障される。飢餓とは縁遠いはずだが、そんな「赤い貴族」でさえ、大躍進政策の最悪の時期には十分な食料が配給されなかったという。この時期の飢餓がいかに凄まじいものであったかが窺われる。

建国以来、中国は毛沢東の圧倒的なカリスマによって領導されてきたが、毛沢東が鳴り物入りで唱導した大躍進政策は、餓死者の大量出現と自らも含めた共産党幹部の食糧事情さえ悪化させたという事実の前には流石に取り繕うことはできないと観念したのか、毛沢東は生涯一度だけとされる公式な自己批判を行い、政治の第一線から退いた。

こうして毛沢東の後を襲った劉少奇は鄧小平とともに、まさにレーニンが疲弊したソ連経済を救うためにネップを導入したように、市場経済の部分的導入を含めた実効性のある政策によって経済の立て直しを図った。そしてそれは功を奏し、中国経済は回復基調に乗るかに見えた。

しかしそれは長く続かなかった。一旦は失脚した毛沢東が失地回復のために文化大革命を発動したことにより、中国社会は混沌の時代に突入してしまったからである。

大躍進政策もその実態が正確には分かっていないが、文化大革命はなおのことその実態は詳らかではない。これは中国共産党政府が一貫して情報公開ではなく情報秘匿を旨とする政策を取り続けているためだが、客観的な指標のことごとくが、文化大革命が大躍進政策をも上回るほどの損害を中国人民と社会に与えたことを示している。

大躍進政策時も粛清が行われていたが、その損害の主要原因は飢餓であり、飢餓が食糧不足である限り、専ら人災では有り得ず、天災の面もある。それでも劉少奇が人災7に天災3と総括したように、通常の飢餓とは異なり政策の失敗という面が強かった。しかし文化大革命の場合は専ら人災であり、その主要原因は毛沢東の政治決定である。

専ら政治による失敗のため、大躍進のように大量の餓死者が発生したという話は伝わっていない(しかし局所的にはやはり飢饉や餓死はあったし、これは眉唾物だが、一部では自己批判の強要により迫害死させた者を食材とする人肉食が横行したという噂も伝わっている)。その被害の主要内容は、苛烈な政治運動による政敵の迫害である。

文化大革命では、「人民の敵」とされた者は有名無名、地位の上下を問わず等しく迫害された。迫害は精神的な追及のみならず、直接的な暴力が横行した。文化大革命が他の政治運動と異なるのは、政治的な地位が安全弁として機能しなかった点である。迫害している側もいつ迫害されるか分からない。優勢な側で高い地位を保っていれば通常は安全なはずだが、文化大革命では既成の秩序は常に覆される可能性があり、安定した地位はほとんど存在しなかった。基本的に毛沢東の胸先三寸で、生死が翻弄された。紅衛兵による無軌道な暴力を許容した結果、どのような高位にある幹部も、迫害される可能性があった。革命のための「造反有理」の金看板により、平時では平身低頭させられるような相手でも反革命のレッテルを貼ることによって吊るし上げることができた。そのため焚き付けた毛沢東自身も紅衛兵の暴力を持て余し、手出ししてはならない要人リストを作って周知徹底させたと言われる。

孫文夫人であった宋慶齢は蔣介石夫人となった妹の宋美齢と袂を分かって中国共産党のために活動し、文革時には「国母」としての地位を確立していた。それなのに、江青のような造反派は宋慶齢を失脚させせんと目論んだ。国母として敬愛されている人物を吊るし上げようというのは尋常な発想ではないが、こうした異常な発想と行動が常態化していたのが文革の時期だった。宋慶齢は毛沢東によって予め保護者リストに入れられていたため迫害は免れたが、もし毛沢東がリストアップしなかったら迫害されていたのである。常識では有り得ないはずのことが、普通に行われていたわけだ。

それというのも、そもそも文化大革命自体が、通常の法手続きでは実施できないことを超法規的に行うために発動された、事実上のクーデタだからである。

文化大革命はその語感と唱えられた政治スローガンの秀逸さから、とりわけその実態が正確に伝わっていない外国の左翼勢力に好意的に誤解されて受け止められた。しかしその実態は、通常の手続きによって選ばれた者を通常の手続きに拠らずして失脚させようとした政治的謀略だった。正式に選ばれた劉少奇が、失政どころかむしろ成功裏に活躍しているのにもかかわらず、どうしてもその存在を許すことができず、無理やり失脚させようとしたのが、毛沢東が文化大革命を発動した主要原因である。

正式な手続きで辞めさせることはできないので、搦手で世論を操作し、現在の指導部は反革命だという雰囲気を醸成しようとしたのである。社会主義においては反革命というレッテルは葵の御紋のようなものだ。反革命を打倒するためにはあらゆることが許される。現在の指導部は正式な手続きで選ばれ、市場経済を導入した経済政策は功を奏し、中国経済を回復させつつある。ここだけ見れば、指導部は批判どころか賞賛されるべきはずだ。ところが彼らは実は反革命なのである。彼らの真の意図は市場経済を社会主義のために使うのではなくて、そのまま中国を革命前に復古させ、中国を資本主義にしてしまうことなのだ。だから彼らは、本当は反革命なのだと。

ここから文化大革命の悪夢を象徴するスローガンである「司令部を砲撃せよ」が生まれたわけである。司令部に命じられて敵に向けるはずの砲身を当の司令部に向けて撃てというのだから無茶苦茶である。まさに通常は守られている秩序を破壊しろという扇動である。そして実際、文化大革命時はこうした秩序と地位の逆転が大々的に巻き起こり、結果として社会全体が混乱のるつぼに投げ込まれた。

部下が上司を反革命だとレッテルを貼って吊し上げ、暴力を振るう。生徒が先生を反革命だといって殴る。私が中学生だった1970年代後半の日本は校内暴力が吹き荒れて社会問題となっていたが、文革期の中国ではむしろ校内暴力が奨励されていた。権威主義を批判するのは正しいが、秩序それ自体を否定したら社会が崩壊してしまう。そして実際に文化大革命によって中国人民の日常生活は崩壊させられてしまったのである。

劉少奇が失政を続けつつも国家主席の地位に固執しているというのならば、これを無理に辞めさせようという気持ちは理解できる。しかし成功しているのに辞めさせたいという動機は理解が困難である。これを毛沢東の権力欲だけで説明するのは無理がある。

真相は不明だが、毛沢東が無理やりにでも劉少奇や鄧小平を失脚させて権力を奪い返そうとしたのは、文化大革命のスローガン通りに、本気でこのままだと中国が資本主義に逆戻りしてしまうと思い込んだからではないか。

劉少奇や鄧小平は文革の最中に「走資派」のレッテルが貼られ迫害されたが、彼らが実際に中国を資本主義に戻そうとしていたなどあり得ない。共産党の支配する社会主義中国を維持し発展させるというのはデフォルトの前提であって、大躍進政策によって混乱した経済を立て直すために市場を利用したというのが事実であり、またそもそもの目論見でもあった。従って毛沢東の危惧は妄想に近いが、統制的な「計画経済」としてしか社会主義をイメージできなかった毛沢東からすれば、劉少奇や鄧小平の柔軟路線は不必要な妥協であり、社会主義建設の放棄に見えたのだろう。

4　資本蓄積を妨げた「資本主義」

ともあれ、中国もまたソ連同様に労働者が労働過程から疎外された社会であり、疎外された生産物の怪物的転化である資本の位置にノーメンクラツーラが取って代わっているという意味で資本主義と同じ構造の社会だが、ソ連のノーメンクラツーラが資本家でないように、中国のノーメンクラツーラも資本家ではない。そして資本家ではないノーメンクラツーラを頂点とする支配的官僚層が資本蓄積を目的にしていないという点で資本主義とは異なるという意味では、中国はソ連以上に資本主義とは異質である。文化大革命はその最大の証拠である。

ソ連型社会主義も資本蓄積を行い、資本蓄積によって経済成長を導くが、その理由は資本主義のように無目的な致富衝動のためではなくて、社会主義建設という建前を正当化するための手段である。そのため政治的正当化の必要によって資本蓄積は容易に妨げられ、経済活動の基盤である生産力にも打撃を与えることも辞さない。あくまで政治的正当化の手段としての経済成長なため、政治的目的のためには経済発展は容易に犠牲にされるのである。

そうした資本主義によく似てはいるが、しかし資本主義ではない現実社会主義の具体例がソ連以上に如実に示されたのが中国なのである。

毛沢東はソ連との対抗意識からソ連以上の経済成長を目指して大躍進政策を行った。しかしその結果は未曽有の飢餓の創出であり、生産力基盤の大規模な破壊であった。こうした経済政策の余りにも大きな失敗はしかし、毛沢東及びノーメンクラツーラ体制そのものの崩壊もしくは刷新には結び付かず、失地回復を狙った毛沢東による文化大革命の発動によって生産力はより一層大規模に破壊され続けた。大躍進政策前の中国経済はそれなりに好調であり、大躍進や文化大革命は明らかに長期的な経済の停滞原因である。それにもかかわらず、こうした明らかに合理性の欠如した、資本主義的メンタリティで言えばどう考えても「儲からない」政策が実施され、失敗が明白になっても直ちに中止や変更がなされず、破滅に向かって泥沼化した。

大躍進政策はその余りにも悲劇的な災厄により実施期間は１９５８年から62年までと短かったが、それでもこれだけ巨大な災厄が3年間も続いたと見るべきだし、文化大革命に至っては途中に小休止も挟みつつも、１９６６年から76年までの実に10年間も続いた。しかも文化大革命が終結した直接的な原因は毛沢東の死であり、死によって毛沢東の虎の威を借りられなくなった四人組の逮捕によってであった。ということは毛沢東が亡くならずに元気で長命を保ったならば、文革はなお継続された可能性もあった。

こうした事実が意味するのは、中国が社会主義ではないのみならず、資本主義だというのも難しい社会なことを意味する。資本主義でも独裁政権は日常茶飯に存在するが、その基本は開発独裁であり、反共を旗印に強権的に資本蓄積を行うための独裁であって、資本の要請に裏打ちされている。資本主義における政治的上部構造の主要目的は経済的土台により資本蓄積を促進し容易にすることであって、資本蓄積を妨げ、生産力基盤それ自体を長期的に破壊する政治的上部構造が資本主義的な生産様式にあって存続したためしはないし、マルクス主義の標準的な理解からすれば存続できるはずもない。だから文化大革命のような事態が資本主義において長期化しようもないし、10年にわたって政治的上部構造が積極的に資本蓄積を妨げ続けた資本主義社会というのは、歴史上存在していないのである。

もちろんそれだけ中国の資本主義が特殊だといわば言えるが、政治が積極的に資本蓄積を妨げる「資本主義」というのは、余りにも緩すぎて、もうカテゴリーとしての役割が果たせないのではないか。

ともあれ、大躍進政策や文化大革命という過去の歴史を振り返ることによって、中国というのは普通の意味では資本主義とは言い難い特殊な資本主義であるか、資本主義ではないが資本主義によく似た独特な抑圧社会であり、本質的にソ連と同じ構造の「ソ連型社会主義」と言えることが明らかになったと思う。

では改革開放路線の現在の中国はどうなのかという話になる。

5　政治支配のための改革開放路線

中国はソ連と同じ構造の社会主義といっても、現在の中国はソ連とは異なる。なぜならソ連は改革開放を本格化する前に崩壊してしまったからである。このことは、もしソ連が崩壊せずに存続していたとしたら、現在の中国と類似した社会になっていた可能性を示唆する。実際に北朝鮮という例外はあるものの、中国のみならずベトナムやラオス、それに最近のキューバのように崩壊せずに残っているかつてのソ連型社会主義は軒並み改革開放路線を取り入れている。これが意味するのは、そうしなければ政権維持のための正当化ができなくなっているということである。

しかしこのことは、それらの国が社会主義から資本主義になったということを意味しない。なぜならこれらの現実社会主義諸国の改革開放路線は、資本主義のように資本蓄積を促進することを目的として行われているのではなくて、共産党という支配勢力の威信低下を防ぎ、ソ連崩壊による支配の正当性の低下を回復するために行われているからである。我々は先に、資本主義では資本蓄積が目的になり、政治勢力は資本蓄積の手段として、資本蓄積に有利なように政権交代がむしろ奨励されると示唆した。実際にほとんどの資本主義諸国でこうしたことが起きている。「景気を悪くする」失政を行った与党は程なく野党及び現政権に対する与党内の反対勢力に取って代われるのが常である。

これに対して現実社会主義では共産党政権は交代しない。政治支配の基本線は固定していて、資本の要請に応じて政権代表の首が挿げ替えられることはない。なぜならこの社会には資本の要請はないからである。資本は共産党という上部構造にコントロールされていて、市場経済も企業活動も政治的上部構造の支配それ自体を固定し永続化するための手段として用いられている。同じように資本蓄積を行っていても、資本主義のように資本蓄積それ自体を目的としてではなく、政治支配のために、共産党政権を正当化するための手段として資本蓄積を行っているのが現実社会主義である。

こうして現在の改革開放路線によって中国は社会主義から資本主義になったのではない。中国は一貫してソ連と共通した現実社会主義であり、ソ連と同じように資本主義ではないが、しかし資本主義とよく似た官僚主体の抑圧社会であり続けている。そのため中国社会の目的は資本主義のように無目的な利潤追求による資本蓄積ではなくて、実質的には資本主義経済を発展させることによって共産党支配の訴求力を高め、共産党政権を永続化することである。

この意味では中国共産党の自己規定も、あながち出鱈目ではないことが分かる。中共政府は現在の中国を社会主義の初級段階として市場経済を導入しているとしている。実際には中国共産党のノーメンクラツーラは労働者のデレゲートではないので、中国は社会主義ではないのだが、市場経済を手段として使っているというのはその通りで、資本主義のように政治が市場に支配されずに、市場を手段の位置に止められ続けている限りで、資本主義とは言い難い社会だからである。

6 「社会主義の初級段階」？

ではこうした現在の中国がこれからどうなるかだが、もちろん正確には分からない。中国共産党（中共）政府が目論むように、中共の政治支配という前提は変わることなく、このまま「社会主義の初級段階」を卒業して中級以上の段階に進むのかもしれない。今と同じように労働者ではなくてノーメンクラツーラが支配している限り社会主義とは言えないが、政治的自由はなくてもそれなりに豊かな消費生活が実現できれば、人心は離れることなく現体制は崩壊しないかもしれない。

ただし、マルクス主義の基本観点からすれば、今のような事実上の資本主義経済を続けながら、建前上は資本主義を否定するはずの共産党政権という上部構造が維持され続けると見るには無理がある。上部構造は土台に全て決定されることのない自律性を持つが、なお最終的には土台によってその基本性格が決められざるを得ないというのが、唯物史観の大前提のはずである。現在の中国社会の土台は事実上の資本主義なのだから、上部構造も資本主義を促進する政治勢力であるほうが、建前だけとはいっても資本主義を否定する政治勢力よりも土台に親和的である。

先に述べたように、既に現在の中共政府は資本家の入党も認めており、どのような概念規定を用いても社会主義的政治勢力というのは困難になっている有様だが、こんな有様だからこそ、遠くない未来になし崩し的に、公的にも社会主義を放棄し、土台に照応した資本主義擁護勢力に変質してしまうかもしれない。既に現在でも、中共は社会主義以上に中華民族の統一性という民族主義的観点を打ち出している。今後はこうした民族主義政党になり、建前としても社会主義は放棄しまうかもしれない。

もちろんこれらは粗雑な未来予測に過ぎず、遠い未来どころか近未来であっても予断を許さない状況なのが、現在の中国である。

ただ、中国共産党が社会主義理念とどういうスタンスを取っていくかに関わりなく、中国共産党の一党支配体制（中国は厳密には一党独裁ではなく政党は複数存在するが、それらは全て衛星政党で、中国共産党を補佐したり助言する役割しか与えられていない。共産党に敵対することは法律で禁じられている。なおベトナムは完全な一党独裁であり、ベトナム共産党以外の政党は非合法である。）は長期間存続するだろうし、規範的に考えても、必ずしも中国共産党のような強権政治勢力が直ちに廃されて、西側的基準でいう「民主主義」的な複数政党に取って代わるのが望ましいとは限らない。

もちろんマルクス主義は民主主義であり、労働者自主管理が社会主義的な経済運営の実体的なあり方と考える思潮である。労働者自主管理は資本主義では上部構造限定の民主的決定を経済的土台の次元にまで敷衍する方策である。従って労働者ではなくノーメンクラツーラが支配する中国のような強権社会は社会主義では有り得ないのだが、こうした非民主主義的な強権政治にも、やむにやまれぬ必要悪としての面がある。それは中国が広大な国土と膨大な人口を抱える大国であることに由来する。加えて中国の場合は歴史的に地域ごとの独立性も高い。これらの条件が、統一的な国家としての存続を難しくしている。

では国家としての統一など目指さずに、地域ごとバラバラでやっていけばいいのではないかという気もするが、それが好ましい状態をもたらす可能性が低いことは、中国の長い歴史が証明している。まさに人民共和国成立前の中国は、各地の軍閥や匪賊が群雄割拠して混乱の最中にあった。悠久の中国史において、王朝が交代する端境期には戦争や飢餓によりカタストロフが生じ、大量の人口が失われるのが常だった。こうした周期的混乱が人口の調節弁の役割を果たし、人口爆発を防いでむしろ生態学的安定をもたらしているという見方もある。

しかしそんな話は当事者である中国人民にとってはたまったものではない。社会が混乱して大量の死者が出ても、長期的な社会の安定にとってはむしろ望ましいなどと言われても、だったらお前が死んでみろという話でしかない。

こうした歴史的経験に裏打ちされて、強力な中央集権的権力を希求する社会意識が広く中国人民に共有され続けているのが、中国共産党支配が永続化する前提だと思われる。つまり共産党が政権を握っているのは、それが社会主義政党だからというよりもむしろ、強大な組織で国土全体に安定をもたらして続けられているからではないか。

それだから、中共政府は特に民族独立問題に神経を尖らすのである。各地域の各民族がそれぞれ独立を唱え出したら、国家としての統一が損なわれてしまう。国家が統一され安定をもたらしていることが、政権が支持される最大根拠なのを中共政府がよく理解しているからこそ、地域紛争の鎮圧と防止に過剰なまでの労力を割く。それが時として西側メディアに非難される余地を与えるわけである。

そういうアンケートは取られたことがないし、匿名であっても本音を書くのは危険だから正直に答えないだろうが、現在の中国人が共産党を好きかと言えば、本音では多くが嫌いだろう。では共産党を支持しないのかと言えば、これまた多くが本音で支持しているはずだ。共産党は嫌いだが、それでも支持するというのが、中国人民の平均的な心理状態なのではないか。つまり現在の中国人の多くは、必要悪だと認識した上で共産党を消極的に支持しているのではないかということだ。

共産党が曲がりなりにも支持され続けているのは資本主義を批判的に克服せんとする革命政党だからというのは、それこそ中共に都合のいいプロパガンダでしかない。強権でもって中国全土に曲がりなりにも安定をもたらしているからというのが、平均的な市民感情に即した実情だろう。

この意味で、社会主義の未来という観点からは、中国の現状はかなり危ういと考えざるを得ない。中国共産党にとって重要なのは自らの支配を正当化することである。そして共産主義の政党というその出自と基本性格からは、社会主義という理念を放棄することはできない。共産党が共産党である限り、資本主義を乗り越えた理想社会としての共産主義をどこまでも目標として唱え続けなくてはいけないし、実際に現在も中共は決して共産主義の旗は降ろしていない。

しかし現在の中国が大きく経済的に成功したのは、ひとえに改革開放路線のためである。そして改革開放の核心は、共産主義が否定するはずの市場経済の全面的導入と、経済の実質的な資本主義化である。そしてなお一層市場経済を発展させて物質的富裕を追求したいのが多数の欲求であり、中共の方針でもある。共産党自体はあくまで社会主義の初期段階がための方便としての市場経済だとの建前は崩さないが、市場を止揚して行こうというマルクス主義的な思想は、実際には失われている。市民的自由を犠牲にしてでも社会を安定させつつ、市場競争を通して物質的富裕を少しでも実現したいという新興資本主義国にありがちな市民感情と、これに照応した政治が今の中国に求められていることであり、確かに現在の中国はこうした人々の願いを首尾よく叶えている。

この意味で、中国が本来の意味での社会主義に移行するのは、資本主義が革命的に変革されるのとさして変わらないほどに難しいと考えるのが、妥当な見方になろう。

では中国が社会主義にならないのか、資本家ならぬノーメンクラツーラの支配する資本主義である現在から、労働者が社会的総生産の主導権を奪い返し、市場を止揚して持続可能な新社会を実現することはあり得ないのかと言えば、事情は通常の資本主義と同じだろう。その可能性は少ないが、しかし皆無ではなく、何らかのきっかけで大きな進展があり得るかもしれないということである。そしてそのきっかけとなる候補もまた資本主義諸国と同じだろう。それは地球環境問題であり、資本の野放図な利潤追求がもたらす環境破壊が、市場競争を原理としない社会への渇望を高めるという方向性である。

ただし社会主義というのは少なくともマルクスその人に基く唯物史観の観点からすると、民主主義が上部構造限定であることを止めて土台にまで拡張され、労働者が生産過程を自主管理するようになることであり、そのため、まずは上部構造領域で民主主義が確立しなければいけない。いわゆる先進資本主義では上部構造限定ではあれ確かに民主主義は機能し、資本主義という生産様式の制約から民主主義が土台へと浸透することが妨げられている。だからこの制約を革命的に突破するのが社会主義実現の方途になる。まずはブルジョア民主主義を確立することが、プロレタリアが主体となる社会主義実現のための前提ということになる。

これに対して中国は上部構造で民主主義が実現されていない社会である。ブルジョア社会では政治指導者や組織は選挙で選ばれるが、ノーメンクラツーラは違う。大統領や首相が自らの意志のみで後継者を選ぶことはできない。しかし中国共産党の指導層は国民の選挙で選ばれるのではなくて、共産党内部で選ばれ続ける。

このため、唯物史観からすれば中国が社会主義になるためには、ソ連のように共産党支配自体が一旦解消され、疑似的な資本主義からブルジョア民主主義を旨とする通常の資本主義になり、改めて革命を目指すべきという話になる。しかしこうした図式主義が歴史予測としても規範的な社会変革の方向性としての望ましいのかどうか、はなはだ疑問である。何よりも、巨大な人口を抱えた大国として、個人主義に基づくブルジョア民主主義の普遍化は、カタストロフ的な社会混乱をもたらす懸念がある。

マルクス自身も晩年のザスーリチへの手紙の中で後進国革命の可能性を示唆したように、原則には例外がありうる。個人主義的なブルジョア民主主義を上部構造に抱えた資本主義的な土台が社会主義を揺籃させるというのが社会主義革命の原則ではあるが、どのような場合でも原則通りとは限らない。

中国も、共産党が打倒されてブルジョア民主主義が社会常識となり、しかる後に民主主義がブルジョア的制限を超えて発展させられるという通常コースを経る必要がないのかもしれない。ノーメンクラツーラではなくて労働者のデレゲートが運営する組織に共産党が改革され、民主主義に基づく労働者自主管理社会としての本当の社会主義が実現するかもしれない。もちろんその可能性は希薄ではあるが、絶対にそうならないとも言い切れないだろう。

第8章付論　毛沢東の矛盾論について

毛沢東ほど毀誉褒貶の激しい人物は珍しかろう。近年ではどちらかと言えば非難の声のほうが大きく聞こえるようで、残虐非道な独裁者としてヒトラーと並び称される場合すらある。しかし中華人民共和国においては今なお、そしてこれからも、国父の地位は揺らがないだろう。現在発行されている人民元紙幣の全種類に毛沢東の肖像画が採用されているのが、動かぬ証拠である。

毛沢東は多面的な人物だが、マルクス主義を信奉する革命家であり、何よりも政治家である。彼の支持するマルクス主義とは、スターリン主義である。マルクス主義の著者でありながら、毛沢東の著作でマルクス主義の古典家が引用される回数は少ない。少ない中でも多いのはスターリンからの引用であり、またスターリン主義の聖典である1938年のボリシェヴィキ党史が頻繁かつ肯定的に引用されているという特徴がある。中ソは一時期激しく対立したが、表向きの理由は社会主義建設における路線対立であり、中国側の言い分は、ソ連はフルシチョフによってスターリンと共にレーニンまでも投げ捨て、修正主義に走り、ついには反革命党官僚がソ連を社会主義ならぬ「社会帝国主義」に変質させてしまったというものであった。これに対して毛沢東は、スターリンには確かに誤りもあったが、功績が主要であり、その割合は誤り三分、功績七分であり、「スターリンの説いた正しい部分は、われわれはかならずひきつづきその学習につとめるべきである」（毛沢東「十大関係について」、『毛沢東選集　第5巻』外文出版社、1977年、440頁）とした。なお、誤り三分に功績七分というのは、くしくも現在中国共産党の毛沢東に対する公式見解でもある。毛沢東のスターリン評価を踏襲して毛沢東自身を評価したということである。

従って毛沢東の理論には、スターリンに当てはまる欠陥が、基本的に共有されていることになる。ということは、必要なのはスターリンを研究し、その否定面を抉り出すことであって、毛沢東自体は理論的な検討対象にする必用はないということになりそうである。ところがそうとも言えない。毛沢東は確かにスターリン主義者であったが、彼にはスターリンとはまた違った独自の理論的構想があるからである。その良し悪しは一先措くとして、毛沢東は独自の興味深い研究対象となりうる独創的な思想家だと考えられる。彼は単なるスターリンのエピゴーネンではない。特に興味深く、また重要でもあるのが、毛沢東の全著作を貫く方法論的基礎である、彼の矛盾概念である。以下に彼の矛盾の捉え方に関して、いくつかの論点をノートしたい。

1　弁証法の核心にある矛盾論

マルクス主義の方法論は弁証法であるが、弁証法が何であり、それがどのような理論的効用を発揮するのか。特に具体的な事例の分析に役に立つのか、現状の分析と批判のために必要不可欠な理論的武器になりうるのかということについては、大きく意見が分かれ、決着がついているとは言い難い。一方で弁証法こそ形式論理を超える高次の論理学であり、形式論理に忠実なブルジョア社会科学では解明できない資本主義の本質が解明できたのだと言われたりする。この場合、『資本論』の核心に弁証法があることが強調される。他方で、分析的マルクス主義のように、旧来のマルクス主義の非科学的な曖昧化への最大の元凶として、マルクス主義から弁証法を除去し、代わりに合理的選択理論のような、批判者からすればブルジョア的ではあるが、実際には今日の社会科学の標準的な方法論のいずれかを採用すべきだという意見もある。

私としては、弁証法は特権的な方法論とも、どんな場合でも絶対に必要な理論装置とも思わない。使う必然性のない場面で使えばかえって議論を混乱させるし、反対者へのレッテルとして貼ることも戒めるべきだと考える。かと言って、弁証法は無用の長物であり、それどころか有害無益な遺物かのようにも思わない。必要もなく使うべきではないが、必要ならば使うべきである。例えば生産力と生産関係の関係は、相互連関とか相互作用というだけでは説明し尽くせず、やはり「矛盾」というカテゴリーを用いる必要があるだろう。ここでは弁証法は必要不可欠な説明装置となる。このような一つの「道具」として弁証法を考えるにあたって、毛沢東の著作は大いに参考になる。

毛沢東の議論の優れていると思われる点は、弁証法の核心を矛盾概念であると明確にし、具体的な社会や歴史の分析を通して矛盾論を展開することにより、弁証法という方法論の具体的な適用例を示し得たことである。

毛沢東はエンゲルスやレーニン、そしてスターリンに倣って、矛盾は普遍的だとする。「矛盾は普遍的な、絶対的なものであり、事物の発展のすべての過程に存在し、また、すべての過程を始めから終わりまでつらぬいている」（毛沢東「矛盾論」、『毛沢東選集　第1巻』外文出版社、1968年、454頁）。ただし、毛沢東には、「矛盾の普遍性が矛盾の特殊性のなかにこそやどっている」（同前、450頁）という、先行する古典家たちには見られない、もしくは明確に強調されているとは言えない観点がある。

エンゲルスやレーニンでは矛盾は第一に、具体性を捨象した、事物の抽象的な本質であることが強調されている。というのは、彼らにあっては弁証法とは普遍的な事物の運動法則にして数学の規則一般であるような、通常の哲学の用法では「形而上学的」な原理として想定されているからである。そのため、スターリンは弁証法を自然弁証法と同一視して、自然弁証法を社会の分析に「押し広げて」適用したのが史的唯物論だとしたのである。この場合、スターリンをはじめとしてマルクス主義の用語法では、弁証法は弛まぬ運動を基本とする点で、永遠のイデアのような静止的な原理を事物の根底に置く形而上学とは対立する見方だとされるが、具体的な現象の抽象的な本質を確定しようとするという意味では、この弁証法それ自体が一つの形而上学的なアプローチだと言える。

毛沢東は自覚的なスターリン主義者なので、スターリンの自称反形而上学的な、その実一つの形而上学的な押し広げ論、中国語で言うところの「推広論」への明確な批判はない。ところが実際にはスターリンとは違った次元で物事を考えている節がある。毛沢東には具体的な歴史的現実から離れた矛盾一般のカテゴリー展開などは、興味の外にあるように見受けられるからだ。確かに毛沢東も、次のように物質のカテゴリー一般の展開を要請している。

物質の一つ一つの大きな体系としての運動形態がもつ特殊な矛盾性と、それによって規定される本質を研究しなければならないばかりではなく、物質の一つ一つの運動形態の、長い発展の途上での一つ一つの過程の特殊な矛盾とその本質をも研究しなければならない。あらゆる運動形態の、憶測ではなくて実在する一つ一つの発展過程は、すべて質を異にしている。われわれの研究活動はこの点に力をいれ、またこの点からはじめなければならない（同前、459頁）。

ここでは物質というカテゴリーが用いられているが、実際には物質という共通する普遍の本質が主題にはされていない。物質の実在する運動形態はそれ自体「一つの発展過程」なのだという。我々は通常、物理現象を発展過程とは捉えない。それは時間の経過とともに内発的に変化してゆくものではなく、量子力学の議論は別として、通常一定の法則に従って同一の反応をする存在だと考える。内在的な動因によって発展的に変化する存在は、単なる物質ではなくて、少なくとも生物である。しかしここでいう毛沢東の「物質」を、人間とその社会のことだと考えるならば、毛沢東の規定は社会科学の適切な方法論ということになる。つまり実際に毛沢東が求めていたのは、物質は物質でも人間という物質のことだったのである。そして彼が論ずるのは常に具体的な人間の社会であり、とりわけ彼が常に直面していた中国の現実だったのである。
毛沢東が具体の中に普遍を探すべきことを強調するのは、それが認識一般の方法だからだという。

人類の認識一般の順序についていうと、それはつねに、個々の、また特殊の事物の認識から、しだいに一般的な事物の認識へと拡大していくものである。人びとは、つねに、まず多くの異なった事物の特殊な本質を認識し、そののちはじめてさらに一歩すすんで概括作業をおこない、さまざまな事物の共通の本質を認識することができるのである（同前、457頁）。

ここから毛沢東は、彼自身が創見であることを自覚していないと思われる、一つの独創的な提起を行う。

われわれの教条主義者たちはなまけものである。かれらは具体的な事物について、骨のおれるどんな研究活動もこばみ、真理一般がなんのよりどころもなくあらわれてくるものとみなし、それをとらえることのできない純抽象的な公式にしてしまい、人類が真理を認識するというこの正常な順序を完全に否定し、しかもそれを転倒するのである（同前、458頁）。

弁証法を抽象的な公式にしてはいけないと言っているが、エンゲルスは弁証法を「量から質への転化」、「対立物の相互浸透」、「否定の否定」というように図式化したのであり、スターリンはここから否定の否定を取り去ったというのはよく知られている。つまり、むしろ一般には、弁証法は抽象的な公式として理解されてきたのである。従って、毛沢東がマルクスとエンゲルス、そしてレーニンとスターリンをも一まとめにして彼の言うような方法論としての弁証法を主張していたとし、「われわれの教条主義者たちは、このような研究態度がないので、正しいことは何一つやれなかった」(同前、471頁)というのは、贔屓の引き倒しであり、「われわれの教条主義者たち」への批判に説得力を持たせるための権威付けである。実際には毛沢東の方法論はエンゲルスやレーニン、そしてスターリンとも対立している。唯一マルクスとは親近性があるかもしれないが、いずれにせよこの場合適切なのはエンゲルスたちではなくて毛沢東である。マルクス以外の古典家に反した毛沢東の方法論のほうが、マルクス主義的な弁証法のあり方にふさわしい可能性があるのである。

2 主要矛盾と副次矛盾

こうして適切にも、具体の中に矛盾を見出すことを弁証法の核心とした毛沢東であったが、彼の矛盾論の特長としてはまた、矛盾のあり方を種別化しようとしたところにある。いわゆる主要矛盾と副次矛盾の区別である。

どんな過程にも、もし多くの矛盾が存在しているとすれば、そのなかの一つはかならず主要なものであって、指導的な、決定的な作用を起こし、その他は副次的、従属的地位におかれる（同前、474頁）。

なぜ主要矛盾が一つしかないのか、二つや三つである場合もあるのではないかという疑問もあるが、毛沢東が扱っているのが常に複雑な人間社会の問題であるのだから、「過程のなかのすべての矛盾を同等にあつかってはならず」（同前頁）という注意は、得心がいくものである。さらに、矛盾の主副は、局面によっては相互に入れ替わるというのも、様々な具体的な歴史状況を見れば、納得できるところである。昨日の敵は今日の友というのは、歴史においてはありふれたドラマだからである。

しかし毛沢東は、この正しい観点を余りにも敷衍し過ぎてしまった。彼は生産力と生産関係の矛盾、土台と上部構造の矛盾も相互転化するものだとしたのである。

たしかに、生産力、実践、経済的土台は、一般的には主要な決定的な作用をするものとしてあらわれるのであって、この点をみとめないものは唯物論者ではない。しかし、生産関係、理論、上部構造といったこれらの側面も、一定の条件のもとでは、逆に、主要な決定的な作用をするものとしてあらわれるのであって、この点もまたみとめられなければならない（同前、479頁）。

確かにマルクスは次のように言っている。

生産物を彼自身のものとして認識すること、その実現の諸条件からの分離を無法で強制されたものとして判断すること――は、とてつもない意識であり、それ自身資本に基づいた生産様式の生産物であり、しかしそれだからこそその滅亡への弔鐘である。彼が第三者の所有物では有り得ないという人格としての彼の意識と共に、奴隷制はただなお一つの技巧的な定在を無為に先伸ばししたり止めたりしただけで、生産の土台としては持続し得なかったように（*Karl Marx, Grundrisse der Kritik der politischen Öekonomie*, MEW.Bd.42.S.375）[注]。

マルクスもまた、上部構造の積極的な作用を強調しているが、しかしこの「とてつもない意識」は、「それ自身資本に基づいた生産様式の生産物」なのである。あくまで土台が自らの滅亡への条件を生み出すのだ。上部構造は副次的に、土台の変化を促進したり抑制したりする作用ができるのみである。生産関係も然りである。時熟する前に強制的に生産関係を変更しても、直ちに生産力が生産関係に見合う形に急激に上昇するわけではない。生産関係も上部構造も、それぞれ生産力と土台に対して「主要な決定的な作用をするもの」にはなり得ないのである。ところが毛沢東はこう言う。

政治や文化などの上部構造が経済的土台の発展をさまたげているばあいには、政治や文化の革新が主要な決定的なものになる（前掲『矛盾論』、479頁）。

こう述べた約30年後に、毛沢東は文化大革命を発動することになるのである。政治や文化の過度の重視、経済的前提の無視ないし軽視は、毛沢東に数々の失政を行わせた元凶である。生産関係が生産力を決定するという転倒した思考法が、途方もない大躍進政策を思いつかさせ、未曾有の大惨事をもたらした理論的前提だと言えるのではないか。上部構造に対する土台の、生産関係に対する生産力の優位性を忘れることは、歴史は都合よく段階を飛び越すことはできないという、マルクスの歴史観から逸脱することである。抽象的な公式から出発せず具体の中に矛盾を探り出すべきだというう点でマルクスに忠実だと思われた毛沢東はしかし、その具体的な矛盾論の歴史への適用において、歴史段階を飛び越すことができるという主観主義的な誤りを犯してしまったのである。

3　人民内部の矛盾

矛盾を主副に分け、それらの相互転化を説いたのは毛沢東の慧眼であったが、本来転化がありえないような条件にまで転化を強弁しようとしたのは、彼の分析に潜む恣意性に由来する。この点が端的に現れているのが、人民内部の矛盾に関する彼の見解である。

毛沢東は敵味方の間の矛盾と人民内部の矛盾は性質の全く異なる二種類の社会的矛盾だとする。性質が異なるがために、その処理方法も異なる。「簡単にいえば、前者は敵味方をはっきり見わける問題であり、後者は是非をはっきり見わける問題である」（毛沢東「人民内部の矛盾を正しく処理する問題について」、『毛沢東選集　第五巻』、前掲書、568頁）。敵と味方を見分けることの重要性は、彼が首尾一貫して強調してきたことである。選集の劈頭を飾る最初期論文「中国社会各階級の分析」（1926年）の冒頭でも、「だれがわれわれの敵か。だれがわれわれの友か。この問題は革命のいちばん重要な問題である」（『毛沢東選集　第1巻』、前掲書、3－4頁）と宣言されている。そして、敵から峻別された人民内部での「思想的性質の問題や人民内部の論争問題は、すべて、民主の方法によってのみ解決でき、討論の方法、批判の方法、説得と教育の方法によってのみ解決できるのであって、強制、圧服の方法によって解決することはできない」（「人民内部の矛盾を正しく処理する問題について」、前出書、572頁）。しかし敵に対しては「独裁をおこない、専制をおこない、これらの連中を抑圧して、かれらに神妙にすることだけを許し、勝手な言動にでることを許さないのである」（毛沢東「人民民主主義独裁について」、『毛沢東選集　第4巻』外文出版社、1968年、549頁）。

だが人民と敵とは固定したものではなく相互に転化するのである。人民内部の矛盾であったものが、人民と敵との矛盾になる場合もあるのである。人民だと認められる内は民主主義を適用して貰えるが、敵になってしまったら粛清されるのである。だからこそ敵味方を見分けることが重要なのであるが、しかしそれは一体どうやるのだろうか。

われわれはすべての毒草に反対するが、なにが本当の毒草であり、なにがほんとうの香り高い花であるかを慎重な態度で見わけなければならない。われわれは、大衆といっしょに香り高い花と毒草とを慎重な態度で見分けることを学びとり、大衆といっしょに正しい方法をもちいて毒草とたたかわなければならない（前掲「人民内部の矛盾を正しく処理する問題について」、606頁）。

だからその具体的な基準が何なのか。これが分からないのである。そのため結局は大衆を代表していると自称する権力者のほしいままに評定され、都合の悪い人物は敵に転化したとレッテルが貼られて粛清されてしまう。ここに毛沢東矛盾論の根本的な欠陥、分析の恣意性を防ぐ安全弁の欠如がある。この欠陥はしかし、権力の側からは強力な武器である。毛沢東がこの武器を使って次々と反対者を葬り去ったのは、今ではよく知られた歴史的事実である。

こうして我々は、毛沢東の矛盾論の中にマルクスに通じる理論的可能性と、暴政を正当化する理論的欠陥の両方を見出す。いかにすれば欠陥を捨て去り、可能性を活かせるかを、毛沢東の理論に心寄せる者は考える必要がある。

注　この引用について、拙著『マルクスの名言力――パンチラインで読むマルクス入門』（晶文社、2023年）で詳しく取り上げているので、参照されたい。

第9章　モリスとオルタナティヴ社会主義

これまでの各章で、マルクスの社会主義構想をあるべき社会主義の理想像とした上で、そうしたマルクスの社会主義論を基準にして、ソ連や中国、それに旧ユーゴスラヴィアといった現実社会主義をどう評価し、今後の新たな社会主義構想に生かすべきかという論点について若干の示唆をした。この際、マルクスにせよ何にせよ、社会主義のあり方を提起することは未存の未来の理想像を描くということであり、それだから絶対的にそうなるというような言説は、未来の理想像という対象それ自体の認識的制約から不可能であるということを強調してきた。だから未来は絶対に社会主義になると断言することは、社会主義を科学的な認識対象の枠からはみ出させ、宗教的な言説の次元に陥れる迷妄であることを説いてきた。

ところが、世間一般でそれこそがマルクスの社会主義だとされている「科学的社会主義」という言説は、実際には科学的な社会主義論ではなく、神を否定した上で事実上は宗教と同じ論理展開になっているという意味で、疑似宗教的な色彩を帯びているということに注意を促してきた。そしてこうした疑似宗教的な「科学的社会主義」は、マルクスその人ではなくて、『反デューリング論』や『フォイエルバッハ論』といったマルクス晩年及び没後のエンゲルスによる啓蒙的著作によって形作られたことを強調してきた。

それだから、今後展開されるべき社会主義は、こうした旧来型の「科学的社会主義」とは一線を画すものでなければならないし、実際に我々が依拠しようとするマルクス自身の社会主義論は、実はそうした「科学的社会主義」とは異質なものであることも確認してきた。マルクス以降のマルクス主義の主流がマルクス自身と乖離していたというのは皮肉な現実だが、社会主義の絶対的到来という歴史信仰はそれだけ根強い前提だったとも言える。

そうしたマルクス主義思想史の中でも、後期エンゲルス由来の「科学的社会主義」とは一線を画すような思潮も、少数とはいえ確かに存在した。そうしたオルタナティヴなマルクス主義思潮にあって、とりわけ社会主義構想という文脈においてひときわ異彩を放っているのがウィリアム・モリスによる社会主義論である。なぜなら、「空想から科学へ」をモットーとするはずの「科学的社会主義」にあっては、ユートピア的想像力の重要性を強調し続けたモリスは明らかに反動的な存在であり、実際にこれまでのマルクス主義では他ならぬ晩年のエンゲルス自身による否定的評価を始めとして、基本的に否定的に受け止められてきた。特にソ連型マルクス＝レーニン主義の枠組みにあっては、モリスのアイデアを積極的に受容する余地などなかった。マルクス主義に主流にあってモリスは、マルクスの徒を自負するモリス本人とは裏腹に、そもそもマルクス主義者であることすら認めて貰えず、マルクス以前の「空想的社会主義」の亜流として一笑に付されていたのである。

これに対して戦後のイギリスを起点に盛んになったニューレフト運動では、ソ連との対抗意識もあってか対照的に独創的なマルクス主義者として高く評価された。当然ソ連型マルクス＝レーニン主義が不適切であり、ニューレフトが正しい。もちろんモリスの議論には様々な問題点があるが、歴史信仰に任せて未来構想を放棄した旧来型社会主義のオルタナティヴとして、独自に取り上げる価値があるのは疑い得ない。

1　エンゲルスのモリス評

モリスはマルクス主義者であり、社会主義者であったことは間違いない。しかしマルクス主義的な社会主義者であることは彼の主要ではあるが、なお一面を示すに過ぎない。

彼は確かにマルクス主義者ではあったが、他の多くのマルクス主義の古典家と異なり、若き日から一貫してマルクス主義にコミットしていたわけではない。ようやく後半生になって社会主義を標榜するようになったのであり、しかも社会主義への感化はマルクスからの影響ではなかった。モリスが共感を示した社会主義思潮は、当初は非マルクス主義的な流れであり、とりわけジョン・ラスキンから強い影響を受けた。モリスが『資本論』を読むことによって自覚的なマルクス主義者となるのは、後半生も既に晩年と言っていい時期になってからだった。

また彼はマルクスのように際立った理論家ではない。そして晩年に熱心に講演活動をしたり、小規模ながらも政党を組織して活動もしたりしたが、同じ古典家でもレーニンや毛沢東などとは比べるまでもなく、彼らのように「革命家」とまでは言えない。

現在とは異なり、生前のモリスに対する同時代人の一般的イメージは、詩人というものだった。しかし今では代表作の『地上の楽園』を含めて、モリスの詩は余り読まれていない。

だが、詩人としての名声にまでは及ばなくても、やはりそれなりに生前で有名であったデザイナーとしての面は、まさにこれこそが現在ではモリスの代表的なイメージになっている。モリスのデザインは彼の生前でも人気があったが、死後は爆発的に広まり、現在では誰もが知る古典的なデザインとなっている。モリスの名前を知らなくとも、彼のデザインを見たことがないという人はいないはずである。モリスは我が国でも戦前から根強い人気がある。モリスのデザインは現在では幾分レトロ風味であり、よく言えば古典的で、悪く言えば古臭いように受け止められていると思うが、その人気は健在で、現在でも繁く展覧会が開かれたりしている。またモリス自身の著作の翻訳や、デザイン関係を中心として邦語の研究書や解説書も数多く出されている。その意味で、モリスはマルクスやレーニンまでいかなくても、かなりポピュラリティの高いマルクス主義者の一人ということになろう。

ただしモリスが評価されるのは、主としてデザイナーとしての面なのは世界共通の傾向である。社会主義者や特にマルクス主義者としての評価は、比較的新しく、むしろ近年になって再評価されたという面が強い。実際古い研究ではむしろモリスの社会主義やマルクスへの傾倒は非本質的な逸脱として否定的に評価されるのが主流だった（木村竜太『空想と科学の横断としてのユートピア――ウィリアム・モリスの思想――』晃洋書房、２００８年、参照。なお本書は社会主義に焦点を定めたモリス研究として本章執筆に際して有益だった）。しかしイギリスのニューレフト運動の代表的な理論化の一人であるE・P・トムソンの『ウィリアム・モリス：ロマン主義者から革命家へ』（1955年）の出版以来、モリスを社会主義者と捉えた上で、デザインを中心とする彼の創作活動を社会主義者としての実践として位置付けてゆくという研究方向が主流となっている。

そもそもモリス自身は社会主義者として活発に政治運動をしている最中もデザイナーとしての活動を続けていたのだし、後に現在のファンタジー小説の元祖と称えられることになる中世風世界を主な舞台にした小説を書き続けていた。ということはモリスからすれば、彼の生業であったデザイン活動も、来るべき社会主義社会での日常生活を見据えて、望ましい社会にふさわしく労働者の生活を豊かにする手段として各種製品を考案し販売もしていたということになろう。またユニークなファンタジー小説の根底には現行社会への批判と理想社会への憧憬が基本的モチーフとしてあったと考えるのが自然である。

つまりモリスの多様な活動は、一見してそれぞれに関連や脈絡がないような印象を与えるが、モリス自身からすればどれも必然性があってやっていることであった。その基本的モチーフは一貫して美の探求である。そしてモリスの求める美の源泉は常に、それ自体が美化されたヨーロッパ中世世界であった。そのためモリスは元々、社会主義ではなく中世主義とも言うべきスタンスに立っていた。それが後年になって、彼元来の中世主義とは矛盾することなく『資本論』と結び付き、当時としては類例を見ないユニークなマルクス主義へとシフトすることになった。

モリスがフランス語版で『資本論』を読んだのは1883年とされており、奇しくもマルクスが亡くなった年である。あたかもマルクスと入れ替わる形で、マルクスを継承する者に連なることになった。しかしモリスがマルクス主義者になった時期は、まさにエンゲルスによって「科学的社会主義」が形成され、エンゲルス由来の「マルクス主義」が確立して拡大を始めた時期だった。モリスはエンゲルスの年少の同時代人で、エンゲルスは95年、モリスは96年とほぼ同時期に亡くなっている。

モリスはマルクスの娘であるエレノアと親しく同志的に交わっており、その関係でエンゲルスとも交流があった。しかしエンゲルスとはエレノアのように親しい間柄ではなかった。実際エンゲルスにはモリスに対する否定的評価が数多く残されている。「大層富裕で熱狂的な芸術家だが政治的には無能」（1884年6月22日付カウツキー宛手紙）、「センチメンタルな社会主義者」（1886年4月29日付ゾルゲ宛手紙、1886年9月13日付ラウラ・ラファルグ宛手紙）、「純粋な感情屋」（1886年8月18日ベーベル宛手紙）、「頭が混乱していて詩人なので科学を超越している」（1887年6月4日付ゾルゲ宛手紙）等々、実に散々である。まさに「科学的社会主義者」のエンゲルスにとっては、高生産力大工業社会としての社会主義の到来という歴史法則を理解することができず、そのため空想的な未来小説のような詩人らしい幻想に耽っている空想家のようにモリスは映っていたわけである。

こうしたエンゲルスのモリス評は、ブルジョアである自らを棚に上げてモリスの裕福さをあげつらうような私的感情によって幾分曇らされているが、その大筋においては当時のマルクス主義者の標準的な印象であったといっていい。少なくともマルクス主義者の仲間内では、モリスの本業であるデザインや彼の元祖ファンタジー小説とも言える秀逸な空想小説作品を社会主義への貢献だとして正当に評価するというような動きは見られなかった。つまりモリスは明らかに同時代人の中で正当に評価されてはいなかったのである。それはまさに彼の社会主義構想がエンゲルス的な「科学的社会主義」と相容れないものだからだった。エンゲルスからすればモリスは、確かにマルクスや自分を支持する同志ではあるものの、その実とても「マルクス主義者」とは言えず、『資本論』も全然理解していないし、「歴史法則の科学」である唯物史観も体得できない空想的なロマン主義者の類に見えていた。モリスはエンゲルスからすれば、モリス自身の思い込みとは裏腹に、本当はマルクス主義たる「科学的社会主義」ではなく、マルクス以前の「空想的社会主義」を彷彿とさせる奇妙な思想の持主に過ぎなかったのである。

しかし我々は既にエンゲルス発の「科学的社会主義」こそが非科学的な疑似科学であることを知っている。だからそうした後期のエンゲルスに酷評されたモリスのほうが逆に、現代的な理論的可能性があるのではないかと予感する。そして実際に今日のマルクス主義や社会主義研究では、モリスをエンゲルスのように打ち捨てることなく再評価しようという作風がむしろ標準的になっている。

ではモリスの社会主義論とはどのようなものか。

2　モリスの社会主義論

モリスと社会主義に関しては、まず何よりもモリス自身に社会主義を主題とした著書があることを踏まえる必要がある。それは『社会主義：その成長と結果』（1893年）である。

ただしこの著書はモリスの単独著作ではなく、年少の同志であるアーネスト・ベルフォート・バックスとの共著である。共著なので完全にモリス自身の意見を反映していない可能性もあるが、しかし前書きでこの著者二人の意見が完全に一致していることが強調されている（ウィリアム・モリス／E・B・バックス、大内秀明監修、川端康雄監訳『社会主義：その成長と帰結』晶文社、2014年、5-6頁）限り、ここで述べられていることはたとえそれがバックスに由来するとしても、原則的にモリス自身も同意しているということになる。

ただし、この著作はそのタイトルに反して、社会主義それ自体を詳細に論じてはいない。中心的に論じられているのは古代からモリスたちの時代までの歴史叙述で、社会主義論それ自体の詳細な展開はない。歴史叙述の次に力が入れられているのは『資本論』の解説で、これは明らかにバックスの筆になるものである。その意味で、タイトルに惹かれてこの著作にモリス自身の社会主義論を求める読者は、漏れなく肩透かしを食らう一冊となっている。

しかしそんな著作であっても、所々でモリス独自の構想を伺うことができる。それは本書の中心である歴史叙述に表れている。ヨーロッパの中世社会に多大な美的インスピレーションを求めたモリスではあったが、基本的に進歩史観に基いている本書では単純に中世を賛美することはなく、低生産力という基本条件からくる生活の不便さと、遅れた社会としての人心の荒廃や社会全体の粗野さが強調される。唯物史観に基き、中世は基本的に生産力発展によって乗り越えられるべき旧社会として捉えられている。これだけならば凡百の歴史叙述だが、本書には他にはない独自見解が見られる。それはそうした遅れた中世社会ならではの民衆生活の悲惨さが、かえって当時の人々の生活を美的にしていたという見解である。中世とは本質的にポピュラー・アートの時代で民衆芸術の時代だったのだという認識である。「その時代の生活水準がどうであろうと、人びとは、目に見え、そして触知できる美を大量に作り出していた」(前掲書、67頁)。

『資本論』を解説している個所とは逆に、明らかにこれはバックスではなくモリス自身の理論である。

モリスの中世礼賛はマルクス主義者になる以前からであり、ヨーロッパ中世に理想を見出そうとする中世主義的スタンスは、モリスの一貫した基本前提であった。しかしマルクス主義者として唯物史観の観点を受け入れている以上、手放しの中世賛美はできない。あくまで遅れた克服されるべき過去であり、実際に歴史の進展によって乗り越えられた旧時代である。しかしそこには後の人々が失ってしまった、かけがえのない宝があった。中世人の日常生活が望ましい美的感覚と作品により彩られていたことだ。それは絵画のような独立した芸術作品に留まらず、人びとが通う教会や日常的に住まう家屋の建築、室内の装飾といった日々の暮らしに根差した制作物全般が、後の時代で失われてしまった望ましい美を体現していたということである。

このためモリスは資本主義を特徴付ける画一化された大量生産を嫌悪し、複製される工業製品であっても丁寧な手作りによることを重視し、実際に自らの工房で実践しつつ生業の糧としたのである。

それゆえ、モリスの求める社会主義は生産力発展の彼方に展望されるマルクス主義的な未来像としては、極めて独特なものとならざるを得なかった。

確かにマルクス自身も『ドイツ・イデオロギー』で一見すると田園幻想的な共産主義像を描いていた。しかしそれはあくまで理想とされる全体的人間のあり方をイメージさせるための方便であって、本当に田園的な桃源郷としての共産主義を求めていたのではない。

ところがモリスの場合は方便ではなくて本心でそうした田園共産主義的理想を求めていた節が濃厚である。だとしたら、一方で明らかに進歩主義史観的なオーソドックスな唯物史観に基づきながら、他方でそうした歴史観が要請するような高度発展した生産力に基く機械文明ではなく、むしろ機械を否定して手作業に基くような共産主義像を整合的に理論化できないといけない。しかしモリスは、こうした求められている理論を整合的に構築することはできなかった。

それはモリスの依拠する当時のマルクス主義の標準的見解が、モリスが望む中世主義的なユートピアと相容れないものだったからである。しかし今日からすると、モリスがマルクス主義と整合できなかったモリス独自の理想像のほうが、これからの望ましい未来社会を構想する上でむしろ有益なヒントになる。

3　フレンドシップに基づく平等社会

モリスが目指す社会主義像は、公式的には『社会主義：その成長と結末』の最終章に示されているが、唯物史観との整合性を保とうとする余り、その叙述は抽象的で精彩を欠いている。ただそれでも社会主義において芸術の持つ意味がことのほか重要であり、社会主義とは日常生活が美的に彩られることそのものであるというような、芸術至上主義を彷彿とさせる心情が吐露されている。建築への高評価はモリスにとって元来のものだが、ここでは建築と共に社会主義が重視する共同作業によってなされるという理由で音楽が高く評価され、それだから音楽と芸術は「そのもっとも広い意味で、最多数の人々が従事するもっとも大事な生業となるだろう」（『社会主義』、前掲書、227頁）という。建築はともかくなぜ音楽がそうなるのかは説明もなく定かではないが、ともかくモリスからすれば、日常生活それ自体が一つの芸術活動となるような未来を理想としたいという思いは伝わってくる。

あくまで理論的な著作として世に問われているはずの著作にあっても、モリス自身の筆だと思われる個所は、端的に言って理論的ではなく、漠然としたイメージや信条の吐露で終わっている。この意味で、モリスの社会主義観をマルクスのような整合的な理論と見ること自体に無理がある。それだから、むしろ初めから社会科学的な理論であることを意図していない文芸作品の中にこそ、モリス社会主義の神髄があると見たほうが良い。つまりマルクス主義者となった後半生のモリスが精力的に執筆していたファンタジー小説群の中にこそ、モリスのオリジナルな社会主義構想が求められるべきだということである。

モリスの描いたファンタジーは基本的にヨーロッパ中世風の世界を舞台にしているが、その中で直接的に社会主義を主題にしているのが『ジョン・ボールの夢』である。

この小説では19世紀人の「私」が夢の中で14世紀の「ワット・タイラーの乱」に遭遇し、反乱の首謀者の一人であるジョン・ボールと対話する。この際に主人公の私はボールの高邁な理念に感銘を受ける。しかしボールが理想とする平等社会は、ボールの生きる封建時代の次の時代である資本主義を乗り越え、主人公の時代になって初めて「社会主義」として実現が展望できるとされる。その意味でワット・タイラーの乱は時代的制約によって失敗が余儀なくされた試みであり、そうした一つの偉大な悲劇として描写される。しかしボールと同志たちの間に体現された「フレンドシップ」は、時代を超えた普遍的な価値として、社会主義の核心を示す理念として称揚される。その意味で、ジョン・ボールの失敗した夢であるフレンドシップに基く平等社会が、来るべき社会主義の基本性格であるべきことが示唆される。

既に見たように、共産主義をゲノッセンシャフトと見たマルクスにとってフレンドシップのような友愛精神は理想な人間関係の基本原理になる。もちろんモリスが、マルクス自身が自らと同じような価値を重視していたとは知る由もない。モリスが知り得たマルクスは、ユートピア精神を否定する「科学的社会主義」者としての後期エンゲルス由来のそれである。社会主義の理想は積極的に語らず、資本主義の批判的分析を専らとする『資本論』の著者としてマルクスを見るモリスには、自らとマルクスの類似性は思いもよらなかっただろう。

そしてモリスに限らず、当時のマルクス主義者全般にとってマルクス自身の社会主義論は、それとして重視されることはなかった。「未来の理想を語らない」という旧態的な「科学的社会主義」のパラダイムが、社会主義に向けての想像力を枯渇させていたのである。しかし現代では、こうした旧来は軽視されてきた未来社会への想像力を一つの新たな規範理論として再構成することこそが求められている。その意味で、かつては軽視され、同じマルクス主義者には軽蔑すらされてきたモリスのファンタジー的な想像力が、むしろ社会主義の理論と運動にとって重視されるべきである。

そしてモリスの社会主義論と言えば何よりも『ユートピア便り』（1890年）にその神髄があるし、その核心が求められるべきである。

4 機械の否定

『ユートピア便り』はモリスの最も有名でよく読まれている著作で、内容的に言っても彼の主著といってもいいが、これをどう位置付けるかは一筋縄では行かないところがある。

まず基本的にこの著作は小説であり、理論書ではない。しかしその主題は社会主義であり、社会主義が描かれている以上、小説とはいえやはり一つの社会主義論としての内実が備わっている。この場合、まさに同じ時期にマルクス主義者としてバックスとの共著を書いているように、理論書ならぬ小説という創作であっても、明確にマルクス主義の立場での社会主義論の展開になってなければ辻褄が合わないはずである。

とはいうものの、この小説の原題はNews from Nowhereであり、予めどこにもないユートピアの話だということが強調されている。その意味では、たとえマルクス主義者による社会主義小説といっても、厳密な理論的整合性は免除されているとも言える。

実際問題として、モリス自身はバックスとの共著で展開した唯物史観と彼が求める社会主義的理想を理論的にきちんと整合させることはできなかった。だがモリスからすれば『資本論』に示された資本主義批判も、彼が元々抱いていたファンタジー的な中世風世界として理想化された社会主義へのコミットメントも真正なものである。だからこの両者を理論的に未分化なままに大きくまとめて見せたのがこの『ユートピア便り』ということになろう。言わばモリスが、その滾る思いを素直にぶつけて一書としたのがこの労作ということになろう。

そしてこの著作が書かれた直接の動機というのも定説化している。それは当時ベストセラーとなったエドワード・ベラミーの『顧みれば』（1888年）への不満と対抗意識からである。

『顧みれば』は、まさに『ユートピア便り』と同じく社会主義を主題としたユートピア小説である。この作品の原題はLooking Backward: 2000-1887といい、1887年に生きる主人公が偶然の事故によって長期の睡眠状態に入り、あたかも昨晩寝て目覚めたかのように老化することなく2000年に目覚めたという話である。

主人公が目覚めた未来社会では既に資本主義が克服されて社会主義が実現している。その未来社会は主人公が直前まで生きていた過去よりも隔絶して優れた理想社会であることを、主人公が過去を振り返り、過去と対比しながら説いてゆくというユートピア小説である。

しかしこの小説で描かれる理想の社会主義はマルクス主義とは異なるものである。ベラミーの立場は「ナショナリズム」であり、国家が全ての問題を解決する基本単位として描かれているからである。

通常「国家主義」と言えば、右翼的かつ親資本主義的にして反社会主義的な思潮を想起するが、ベラミーははっきりと社会主義者であり、高度に組織された国家が資本主義の害悪を除去するという「国家社会主義」的なユートピアが展開されている。

またこうした国家主義と対応して、理想の社会主義社会では人間関係が軍隊を模範にして組織されている。国家全体の善を最も効率よく向上できるのが軍隊的な組織編成だからである。

まさにこうした国家や軍隊といった組織や原理に対する拒否感が、モリスのユートピアの前提になっている。

モリスは社会主義の活動家としてはアナーキストたちと鋭く対立し続けたが、個人を重視するという点では、当時の平均的なマルクス主義よりも比較的アナーキズムに近い立場にあった。そうしたモリスからすれば、個人を抑圧する原理である国家と、国家原理の具体化に思われる軍事的な社会編成は、到底容認できるものではなかった。

ベラミーが軍事国家的な社会組織を理想としたのは、それが最も効率的に社会を運営できるからだとしたためだ。ここから分かるようにベラミーの理想社会は、いかにもＳＦ的な高度機械文明として構想されていた。この点ではむしろベラミーは当時のマルクス主義の発展至上主義史観と通じるものがあった。しかしこうした機械文明としての社会主義描写もまた、マルクス主義者であるはずのモリスには気に入らなかった。

そしてもう一つは、これは当時の多くの人々がベラミーを批判していた主要論点でもあったのだが、理想の実現が２０００年というのは余りにも早すぎるのではという疑問である。そのためモリスのユートピアは22世紀というずっと先に想定されている。

またベラミーの場合は特に葛藤もなく、啓蒙活動によって皆が納得して国家主義的ユートピアを採用したとされているのに対して、モリス版ユートピアではこの点はマルクス主義者らしく、苛烈な革命戦争という過渡期を通らざるを得なかったとされている。この点ではモリスの側にリアリティがある。

しかし階級闘争に勝利した未来社会の描写に関しては、モリスのユートピアはベラミーよりもずっと荒唐無稽である。

モリスの夢想する未来社会は決して反文明の低生産力社会ではなく、旧社会よりもあらゆる点で「発展」した社会だとされている。この社会では市場や国家の消滅といった、マルクスが共産主義の基本指標とした指標が悉く実現されている。しかし決定的にマルクス及び通常のマルクス主義と異なるのは、機械への徹底的な否定である。

マルクスにおいて機械は、それが用いられる社会的文脈においてその意味が１８０度反転するものだとされた。

資本主義の生産過程で用いられる機械は専ら資本蓄積に有利にするために用いられる。そのためその主要な目的は労働強度の低減ではなく、利潤の追求のための手段になる。それだから資本主義での労働過程においてはむしろ労働者が機械に追いつくように追い立てられ、労働強度は低減されるどころかむしろ強化されがちになる。資本主義において機械は労働の疎外を克服するのではなく、むしろ疎外を深刻にする道具として資本によって用いられる。

これに対して社会主義では労働過程の主導権が労働者自身に握られているため、機械は労働者に有利なように用いられる。機械を適切に使用することにより労働強度は軽減される。機械は労働疎外を克服するための手段として用いられる。

この意味で、マルクス主義は決して反機械文明の立場では有り得ない。むしろ機械を資本主義のような野放図な資本蓄積のために用いて文明を荒廃させるのではなく、人間的な文明を維持し発展させるために機械を適切に利用するのである。

これに対してモリスはそもそも機械それ自体を否定する。モリスが求め認めるのはあくまで人間の手足に直結した「道具」であって、人力を遥かに超越する強力な出力でもって自律的に作動する「オートメーション」という機械技術の真骨頂は、モリスの共産主義ユートピアでは否定されている。

モリスの描く共産主義は22世紀という遠い未来なのにも関わらず、何事も人力が基本となった社会である。主人公は船に乗って未来のテムズ川を遊覧するが、その船は未来人によって漕がれる。また陸上の移動も馬車によって行われる。モリスの時代には既に自動車が走っていて、通常の想像力によって描かれる未来社会では高性能なクルマによって高速に移動する様が描かれるはずだが、モリスの理想とする未来では逆に生活は何事もスローでゆったりとしている。

こうした機械の否定によって人間側の負担が増えるはずだが、未来人は健康的な生活により肉体自体が壮健になっており、誰もが現代人よりも若々しく力強い。当然ここには旧社会のような肉体労働への蔑視はなく、皆が自然に肉体労働と精神労働を区別することなく取り組み、資本主義に顕著な分業による弊害は克服されている。

こうしたモリスの理想社会像は、彼自身の生業と直接に結び付いて造形されたものである。モリスは図面上でデザインするだけではなく、自らデザインしたものを実際に作ることを心掛けていた。染色や印刷といった作業も、ただ考案するだけではなく自らの手で行うことを望んだ。

そうした中でモリスの工房では、自らも含む職人による手作業が基本とされた。一定の作業に集約されているという点ではマニファクチャ的だが、敢えて大工業段階には移行せずに前時代的な生産力次元に止めていたのである。モリスは晩年に創作者としての自らの人生の集大成として、ケルムスコット・プレスによる豪華本の作成に傾注する。しかしそこで用いられた印刷技術は当時最先端の輪転式機械印刷ではなく、敢えて旧式の印刷機を用いて、一ページごとに全て手作業で作成したのである。

こうして、モリスは既に生産性の高い技術があるにもかかわらず敢えて旧態的な手作業に拘ったのだが、こうした反時代的な趣味がしかし社会全体で認められて常識となっているのがモリスの描くユートピアなのである。

マルクス主義者としてのモリスが描くユートピアは決して文明否定の原始回帰ではない。22世紀の未来社会として、あくまでその基盤は高次発展した生産力のはずである。しかし機械を否定する人力中心社会がどうしてそうした高度文明を維持できるのか、具体的なメカニズムの説明はどこにもない。それは当然である。そのようなことは原理的に不可能だからだ。それだからこそ「どこにもない場所」ということになるが、しかし社会主義論としては致命的な欠陥と言わざるを得ない。

この点からすれば、モリスの社会主義構想はそもそも社会主義についての理論と言える水準ではなく、荒唐無稽な夢想の類に過ぎないというエンゲルス以来の伝統的解釈も、全くの誹謗中傷とは言い切れない。

しかし今日において前提される社会主義論の大前提は、それが地球上のエコロジカルフットプリントを逸脱しないような、定常的で環境親和的な社会なことである。どこまでも人口と生産力を増大させ、地球の大地が足りなくなったら宇宙に繰り出せばよいというような、かつてのソ連でSF的な未来として語られたような共産主義像では、まるで話にならない。

だからといって文明を否定して原始的な生活に戻るというような極論も、実現可能性の希薄な空論である。

地球人口の増加速度を減らし、遠くない未来には漸減に転じるようにするのが望ましい未来だが、かといって紀元前段階（それでも3億人程度いたという）よりもさらに人口が減るという未来は、文明自体が崩壊しない限りあり得ないし、文明それ自体が滅ぶのは誰にとっても望ましくないだろう。望まれるのはあくまで持続可能な文明であって、文明それ自体の否定ではない。

その意味で、確かにその具体的な実現のプロセスも、その社会が実際にどうして維持できているのかというメカニズムも分からないが、敢えて田園的で牧歌的でありながら、社会のあり方と人間自身の肉体をも完全に発達しきったアナログ的な超文明というモリスの社会主義像は、今後望まれる社会主義構想に大きなインスピレーションを与えるし、社会主義を志向する主体は、モリスの文学的想像力を積極的に引き継ぐべきだろう。

第10章 環境の世紀におけるマルクス

本書はマルクスの社会主義構想を視座に定めてマルクス以前以降の社会主義思潮と運動を瞥見し、マルクス的な社会主義の現代的アクチュアリティを問うものだが、不十分ではあるものの、そのあらましはこれまでの各章である程度は説明できたと思う。

ただし、そうした思想の現代的アクチュアリティを問う際に、当然問題になるはずの現代の最重要問題である環境問題については、行論の随所で示唆するのみに留まっていた。現在世界をどう総括するにせよ、その内容に現代が「環境の世紀」とも言うべき時代状況にあることは、欠かすことはできないだろう。そして最初の章でマルクスと環境問題についてある程度まとめて語るという課題を提起もした。そこで本書の締めくくりとして、簡単な概略であっても独立した章としてマルクスと環境について論じておくことは必要だろう。

とはいうものの、このテーマについては既に『99％のためのマルクス入門』で詳しく論じているし、それ以外の拙著でも主題的に扱っている。そのため、ここではそれらの先行著作が参照されることを前提にして、必要な論点のみを手短に語ることにしたい。

1　社会主義と環境問題

今日では環境問題と社会主義の不可分の結び付きを主張してもさして奇異に思われないし、むしろマルクスは環境と関連があるというイメージが一般化されつつあるようにすら思えるが、少し前までは、マルクスと環境との関係というは真面目に論じられるべき問題とすらされていなかった。なぜならマルクス主義の前提的な立場においては、環境問題とは専ら資本主義が生み出す悪に過ぎず、社会主義になれば自ずと解消されるとされていたからである。

だとすれば環境問題は資本主義をどう批判し打倒するかというマルクス主義の中心的な問題設定に全て吸収されることになる。だから環境それ自体はマルクス主義の中では、独自の領域として存立する余地がない副次的な些末事だと処理されていたのである。

こうした伝統的な問題設定は実際に、現実社会主義が環境問題を隠蔽するためのイデオロギーとして利用されてきた。現実社会主義からすれば自らの社会こそが社会主義で、既に資本主義とは根本的に異なった生産様式である。だから資本主義固有の問題である環境問題は我々の社会には存在しないとされたのである。

このような論法は疎外概念にも適用された。疎外された労働は資本主義固有だから社会主義には疎外がない。そのため疎外を強調するマルクス解釈はブルジョア修正主義だという戯言が、テ・

イ・オイゼルマンのようなソ連を代表する官許哲学者によって真面目に主張されていた。そしてソ連信奉者がマルクス主義の主流派だった我が国のマルクス研究者の中にも、オイゼルマンのような弁護論を支持する人もいたのである（詳しくは拙著『初期マルクスの疎外論――疎外論超克説批判――』時潮社、2000年、序章「『経済学・哲学草稿』と疎外論の運命」参照）。

ところが実際にはソ連には環境破壊が普通にあったのであり、しかも「社会主義には環境破壊はない」という建前が文字通り虚偽意識の意味でのイデオロギーとして作用し、官僚主義にありがちな隠蔽体質によって、資本主義以上に環境破壊が深刻化していた（M・I・ゴールドマン、都留重人監訳『ソ連における環境汚染』岩波書店、1973年）。

こうした事実はソ連がそもそも社会主義ではないという真実の一端であると共に、環境破壊それ自体は必ずしも資本主義固有ではないという本質的な論点を示唆している。

例えば具体的な環境破壊因子の中で我々の生活に密着し、身近でありふれた事柄として存在している自家用車の使用と肉食がある。

この本は社会主義の解説書であって環境倫理学の本ではないため、クルマや肉がもたらす深刻な倫理的問題の有様を詳しく論じることはしない（詳しくは拙著『実践の環境倫理学――肉食・クルマ・タバコ社会へのオルタナティヴ――』時潮社、2006年、参照）。ただ結論を端的に言えば、現在世界で先進国を中心に行われているようなライフスタイル、自家用車という形でクルマが大量に乗り回され、日常的に大量の肉食をするような文明は、完全に持続可能ではないということである。

資本主義で肉がよく売れるのは多くの人々が肉を選好するからである。しかし資本主義では肉は商品のため、望む人が必ず全て入手できるわけではない。確かに現在では肉は工場畜産によって大量生産されるため、以前よりもずっと安くなっているが、他の商品と同様に、貧しい人々は入手し難い。いくら安くなったとはいえ、多くの人々が望む上質の牛肉などはやはり高価であり、肉食愛好者の選好を完全に満たすのは難しい。

これに対して社会主義では商品経済が克服されて、貧困は一掃されている。極端に希少な奢侈品は別として、日常的な生活物資は資本主義よりも高品質な材が容易に入手できるようになっている。肉も同じで、上質の肉が思う存分に食べられるようになる。クルマもまた、資本主義では入手できなかった人も望めば手に入るようになっている。

しかし、もしこうした「社会主義」が実現したら、資本主義よりも環境が悪化して社会が荒廃してしまう。

そのような「社会主義」は社会主義ではないと言いたくなるが、この「社会主義」で労働者が生産過程をコントロールしていて商品経済が克服されていたら、その社会は紛うことなく本物の社会主義である。

生産様式が変われば人々の選好が自ずと環境親和的なものに変化し、人々は誰に言われるまでもなく皆ビーガンになり、クルマを捨てて自転車に乗るようになったりするわけがない。

だったら指導者が強制的に人々に環境に優しいライフスタイルを押し付ければいいという話にもなるが、そんな民主主義を否定した抑圧社会は社会主義ではない。社会主義とは資本主義では上部構造限定の民主主義を土台にまで浸透させる過程で、形骸化した民主原則が実質化する社会である。スターリンのような「指導者同志」が人民に政策を押し付けるような社会は社会主義ではないし、実際にソ連は社会主義ではなかった。それはスターリンが悪政を行ったからではなく、プラトンの哲人王のような聖人が善政を敷いていたとしても、民主主義ではない限りその社会は社会主義ではないからである。

だからたとえ革命によって生産様式を変えることができても、多数の選好が旧態依然だったら、旧社会よりもなお一層効率的に環境を破壊する暗黒社会になってしまう。なぜなら社会主義は民主主義で、社会主義での民主主義は資本主義での形骸化を逃れて実質化しているからだ。本当の民主主義社会である社会主義では、多数の選好は資本主義よりも首尾よく実現できる。多数が環境破壊的な選好を保ち続ける限り、社会主義は資本主義よりも一層確実に環境を破壊してしまう。

そうならないためには革命前の旧社会での人口のできるだけ多数が、環境親和的な選好を持つようにならないといけない。

その手段は当然にも暴力的で抑圧的であってはならず、平和的な啓蒙活動による他ない。従って環境親和的な実践の責任は基本的に個々人に帰せられるのであり、個々人が自ら意識して環境親和的なライフスタイルを選択し、習慣化していくということになる。こうした個人が多数になれば社会全体のトレンドになり、自然に賛同者も増えてくる。逆にそうした個人が今のように少数のままだったり、むしろ人口増と共に食肉消費量が増えたりということになれば、社会主義の実現によってなおさら肉食が拡大し、革命前よりもむしろ環境は破壊される。

2　個人の倫理的実践

環境問題とはこのように、民主主義を否定して強権政治を行うのではない限りは、適切な方向での社会制度の変更やインフラストラクチャーの整備といった客観条件の変化のみでは根本的には解決されない問題である。環境問題の解決のためには、客観的な社会条件の変革と共に、個々人が環境親和的なライフスタイルを実践するという主観的というか、主体的な条件も必ず必要なのである。

このことは図らずも、旧来のマルクス主義の根本的欠陥を明るみに出すことにもなる。マルクス主義は常に実践の重要さを強調してきた。これは正しく、マルクス主義の美徳である。しかしその実践の主要内容は常に、社会の仕組みを根本的に変化させるという、社会革命を実現するための具体的方途であった。このこと自体は否定されるべきではないし否定する必要もないが、問題はこれだけだと不足があったということである。不足していたのはまさに環境親和的なライフスタイルの個人的実践のような、体制の違いに関わらない、普遍的な倫理的実践である。

旧来のマルクス主義が資本主義の悪を告発し、よりよい社会としての社会主義を希求し、その実現に向けてのコミットメントを重んじていたのは正しい。しかし個々人の倫理的実践を無視もしくは軽視していたのは正しくなかった。社会主義を求める者は、資本主義の現在にあっても、持続可能な環境親和的なライフスタイルを個々人の責任で実践し、広く啓蒙活動に勤しむべきである。しかし社会主義を志向する人々の中で、こうした問題意識を持つ者はまだまだ少数であり続けている。

この点では他ならぬマルクスその人も例外ではなかった。そのためかマルクスに限らずマルクス主義者の大多数が個人の普遍的な倫理的実践を軽視し続けたし、今も軽視している。

こうした個人的実践の軽視にはそれなりの理由がある。それは倫理的実践を提唱する人々の多くが、社会変革への意志が希薄で、むしろ保守的ですらあることも珍しくなかったからである。そのような人々が倫理を重んじる発言をするのを見れば、倫理や道徳が体制維持のためのイデオロギー的な隠れ蓑のように映るのは無理もないし、実際にイデオロギーとしての機能を果たしもしただろう。

しかし環境問題は、こうした旧態的なマルクス主義的イデオロギー観の一面性を明確にする。環境問題は個人的実践の内実を無視した社会変革運動だけでは解決できないからである。そして環境問題への取り組みは社会主義的変革を含めた現代のあらゆる社会変革運動の必須の前提である。だからマルクス主義を今なお変革のための教導思想として掲げたいのならば、個人の普遍的な倫理的実践を軽視するマルクス本人も含めたこれまでのマルクス主義思潮の作風を反省して、真の変革のためには旧来から重視されてきた社会革命運動では足らず、これに普遍的で個人的な実践としての倫理面も併せて重視し、どちらか一方ではなく両方同時に行うべきだという共通認識を勝ち取る必要がある。

社会変革運動と倫理的個人実践はどちらか一方だけというトレード・オフ関係にあるのではな

く、どちらも必要な両輪なのである。

3　マルクス主義と環境問題

こうして、マルクス自身は環境のための個人的な実践を軽視したという決定的な瑕疵を持ちつつも、環境観や環境思想として現代でも有効な視座やヒントを提供しているのかということになる。つまりマルクスやマルクス主義は現代の最重要問題である環境問題を考えるにあたって、考慮に値する思潮なのかということである。

こうした問題設定に対しては、まずは他ならぬマルクス主義こそが最も的確に環境問題を考えるにあたっての大前提を提供していると応えることになろう。

それはまさにマルクス主義こそが、環境問題の最も重要な源泉を、資本主義という社会のあり方そのものに求める思潮であり、資本主義の本質を唯一的確に把握している理論だからである。

確かに、既に強調したように、旧来のマルクス主義は環境問題をただ資本主義の問題としてのみ見ていたという瑕疵があった。ただ、その社会が資本主義であることだけが環境破壊の源泉なのではない。しかし資本主義であることは、環境問題の唯一のではないものの、なお最大の原因であることには変わりない。つまり現代の環境問題は、無目的に利潤を追求することによって環境保護を二義的な外部問題にする資本主義的な生産のあり方にその最も重要で主要な問題があるのである。

資本主義という生産様式が環境問題を内部化することができずに外部に押しやってしまうのは、

この社会が形成された時代状況による必然である。

資本主義が形成された時代では、生産力の源泉である外的自然は人間がいつまでも好きなように利用できる無限の富の源泉として遍く観念されていた。生産活動を行えば廃棄物も発生するが、資本主義形成期では幾ら垂れ流しても自然の浄化力が自ずと解決してくれると楽観していたのである。つまり常識的な多数の人々が共有する社会意識の次元で、「環境破壊」という観念自体がない前提で形成された社会が資本主義だったのである。それだから、資本主義に環境への意識が欠落しているのは、当時の人々の一般的な社会意識の素直な影響であり、その意味では当然なわけだ。

この意味で、環境問題を真実に克服するためには、無目的な生産活動の拡大によって環境を破壊する傾向が否応なしについて回る資本主義的な生産様式からの脱却が必須の前提にする。つまりマルクス主義こそが環境問題において前提されるべき思想的立場ということになる。

しかし、資本主義を乗り越えることこそ環境問題の抜本的解決になるというマルクス主義の基本観点は正しいとしても、その乗り越え方が環境問題の解決とは結び付かないどころかむしろ環境問題を悪化させるような思想内容であるならば、マルクス主義を環境問題解決のための処方箋とすることはできない。そして、旧来のマルクス主義は、どう考えても現代では使い物にならない時代遅れな思想である。なぜなら旧来のマルクス主義は実際にソ連共産党が喧伝していたように、無限の経済発展を謳う素朴極まりない成長至上主義だからである。地球の有限性を内在させていない思想は、立場の左右を問わず、根本的に現代とそぐわない。

こうした旧態的マルクス主義の成長至上主義は、生産力が生産関係を規定し、生産力発展が革命をもたらすという唯物史観の基本観点から、ある意味素直に出てくる。

資本主義的生産関係は労働者を疎外し人間性を荒廃させる反面、高度な文明を実現して物質的な豊かさをもたらす。そして資本主義は自ら発展させた生産力によって、資本主義それ自体に弔鐘を響かせる。資本主義内部で発展させた生産力を資本主義的な生産関係は維持できなくなる。中身が増え過ぎて器が小さくなってしまったわけだ。そこで革命が起こり、社会主義的生産関係という新たな器が形成される。

問題はこの器が、余りにも途方もないものとして想定されていることだ。社会主義と共産主義は量的増大の関係であって、質的転換ではない。だから社会主義革命は最後の革命で、もうそれ以上に生産関係は変化しない。しかし生産力は絶えまなく発展するのだから、理論的には社会主義生産関係という器の大きさは無限大ということになる。つまり物質的生産力がどれだけ増えても、もうかつてのようにこぼすことなく受け止められるということになる。これは途轍もないことだ！

生産力というのは生産の能力であり、生産は自然に働きかけてその富を我がものとする行為である。低生産力段階では狩猟採集という形で生産が行われるが、農業の発明以降は自然の加工が生産の主要内容になる。ということは、無限に生産力が上昇するということは、自然が無限に加工され続けるということである。

まさにそれだから、資本主義は持続不可能である。なぜならまさに資本主義とは自然を無限の富と想定した上で形成されたからだ。

ところが資本主義を批判する原理であるはずの唯物史観もまた、生産力の無限発展という大前提において、資本主義と軌を一にしてしまっている。ということは、マルクス主義的な社会主義もまた、環境の世紀という現代的位相という点においては、資本主義イデオロギー同様の旧態依然であり、環境の世紀である現代にふさわしくない時代遅れの遺物ということになるのか。

確かにそう考えることもできるし、こうした観点からマルクス主義的思潮の歴史的限界を指摘することは、巷でよくみられる粗雑な「マルクス経済学」批判の類に比べれば、それなりに合理性がある。

少なくともこうした批判がそのまま当てはまるソ連の国定教科書に体現されていたような通俗的な唯物史観理解の賞味期限は完全に切れていることは、疑いようがない。

4　疎外された生産力

しかし、マルクス自身の唯物史観、もしくはマルクス自身はそこまでは考えていなかったかもしれないが、マルクスの理論を素直に敷衍することによって見えてくるような唯物史観ならばどうなのか?

既に詳しく見たし、繰り返し強調しているように、マルクス理論の根底には疎外論がある。ならば唯物史観が強調する生産力の基底的性格という前提的議論もまた、疎外論に裏打ちされているはずである。つまり生産力もまた、その性格は疎外されたあり方と疎外されていないあり方に二分される。

疎外とは自らの力が制御できないあり方だから、疎外された生産力は生産力を生み出す当の人間自身が制御できない状態になっている。生産力は人間から独立して、まるで自らが意志を持っているかのように自律的に展開する。人間の意志から独立して、まるで植物が成長するように、独自に発展していく。そうした生産力の基本性格は「自然成長性」である。

これに対して疎外されない生産力は、人間自身がその去就をコントロールできるようになっている。生産力は人間に支配されているという意味で他律的であり、人間は生産力の自然成長に翻弄されずに自律性を保っている。つまり、生産力は疎外されたあり方では自律的なのに対して、疎外されない状態では他律的である。これは人間自身の状況の反転像になる。人間は疎外によって自律性を失い他律的になるからだ。

こうして問題の焦点が明らかになる。旧来の唯物史観の標準的理解は、疎外された生産力のあり方を生産力の普遍的な性質だと思い込んでしまっていたということだ。だから生産力は人間の意志から独立してそれ自体で自然成長的にどこまでも増大すると見なされ、そうした生産力のあり方に対応できるように、いつまでも成長を受け止められる容量無限大の器として社会主義的生産関係を想定するという、全く反エコロジー的な途方もない夢想に陥ったのである。しかしそうした生産力はあくまで疎外された生産力である。疎外された生産力は生産力の特殊なあり方であって、特殊は普遍ではない。

人間の意識から独立した生産力発展が革命を準備するという「唯物史観の定式」は、社会主義までは決して間違っていない。なぜなら資本主義までの歴史は人類の前史であり、資本が疎外された生産物であるように、人類の前史までの生産力の基本性格はそれが疎外されていることだからである。

しかし前史の後は根本的に異なる。人間は自からの労働の産物に支配されることはない。だから生産力の基本性格もまた疎外されなくなっている。生産力は人間の意志から独立して成長するものではなく、人間の意志に完全に従属して、その来し方行く末をコントロールできるものになっている。

人間の意志から独立して自然成長的に増大していくのは生産力の普遍的性格ではなく、人類の前史までの疎外された生産力のあり方である。そうした自然成長性が環境破壊をもたらすという場合、生産力が「破壊力」(『ドイツ・イデオロギー』)とならないように、エコロジー的に適切な形に修正する必要があるが、それは人類の前史では不可能なのである。

ということは、マルクス主義は成長至上主義で反エコロジー的な思想という通俗的批判は、唯物史観の本義を理解できていないところからくる誤読ということになりそうである。しかし問題なのは、そうした誤解はマルクス主義の批判者だけのものではなく、当のマルクス主義者の間でも普通に共有され、今もされ続けていることである。マルクス自身は次のように言っていたにもかかわらず。

社会的な力、すなわち幾倍にもされた生産力――それは分業において制約された様々に区別された諸個人の協働によって成り立っている――は、それらの諸個人には協働そのものが自由意志的ではなく、自然成長的であるために、彼らに固有の、連合された力としてではなく、一つの疎遠な、彼らの外に成立している強力として現われる。この強力について彼らはその来し方行く末を知らず、その強力を彼らはかくしてもはや支配できないばかりか、その強力は反対に今や一つの固有の、人間の意欲や動向からは独立した、それどころかこの意欲と動向をまずは支配管理する諸局面と発展諸段階の系列をへ巡るのである。

『ドイツ・イデオロギー』のこの一文はまさにこれこそが唯物史観の神髄を示す重要な理論であり、文章自体も難解とまでは言えないはずなのに、マルクス主義者にも批判者にもその真意が正確につかまれることが少なかった。

まず「社会的な力」が「幾倍にもされた生産力」だとされている。言うまでもなく生産力は人間社会にとって重要な要素である。それが幾倍にもされているというのは肯定的な望ましい事態である。そのためここでいう「社会的な」の「社会」は、社会一般を指す概念ではなく、理想的なあり方における社会を意味する規範的概念である（マルクスにおける規範的概念について詳しくは拙著『マルクスの名言力』晶文社、2023年、参照）。そして生産力の実体は協働である。協働Zusammenwirkungは直訳すると「相互作用」である。つまり生産力とは相互作用する人間の力ということになる。だから生産力は人間の本質的な諸力（『ドイツ・イデオロギー』）なのである。そうした人間の本質的な力である生産力であるが、人類の前史においては分業によって制約されていて協働が各人の自由意志に基かないがために、自然成長的に「意志から独立して」独自に展開する。

そうした自然成長的な生産力は、疎遠で人間の外にある強力として成立している。つまり疎外された生産力である。こうして人類の前史における生産力は疎外されているため、人間自身の本質的な力であるにも関わらず、当の人間自身がこれを支配できず、逆に人間を支配して、人間の意志から独立して人間を支配管理する局面と発展段階を経巡って今日に至るのである。『ドイツ・イデオロギー』ではまだ生産様式という概念は確立していないが、ここのいう「発展段階」がやがて生産様式として具体化されたわけだ。

こうしてマルクス及びマルクス主義の前提である唯物史観が成長至上主義で反・エコロジー的であるという風説は、唯物史観及びマルクス主義の一番大事な大前提を理解することできなかったことに主要な原因がある。マルクスが疎外論者であり、それだから唯物史観の前提に疎外論があるということが理解できなかったのである。

疎外論を視座にすれば、環境問題とは環境の悪化による人間の疎外状況の悪化と改善という問題になる。

マルクスは唯物論者として、人間存在それ自体の本質も自然だと捉えた。人間と自然の関係は観念論のように自然を超えた高貴な存在としての精神と下位の自然との関係ではない。人間もまた自然的身体として、(人間的) 自然と (外的) 自然という均質で平等な関係となる。人間は外的自然から常に物質を取り込み利用し、絶えずまた外に排出する物質代謝の只中にある。食べ飲み排泄する。呼吸することそれ自体も既に物質代謝である。労働はマルクスにおいては、こうした不断の物質代謝を媒介し、調整する過程である。

既に強調したように、資本とはマルクスにあっては疎外された生産手段であり、労働疎外の結果である。当然そうした疎外労働にあっては物質代謝の調整も上手くゆかず、常にかく乱される傾向にある。こうした物質代謝のかく乱が環境破壊の原因となる。

そして労働によって実現される生産力は疎外されることによって労働者である人間の意志に反して自然破壊を促進するように野放図に成長してゆく。だとしたら疎外論を根底に据えたマルクスの理論は、少なくともその思考形式においては反エコロジーどころかむしろ極めてエコロジカルな思想ということになる。

とはいえ、これはあくまで社会に対する形式的な理解での話である。実際にはマルクス自身及びこれまでマルクス主義のように個人的実践を軽視すれば、疎外されずにコントロールされた生産過程の中で、具体的中身としては環境に良くない事柄が大衆的に実施される。結果として、現実が理論を裏切って環境は疎外された資本主義時代以上に悪くなってしまう。

そこでこれからの社会主義に求められるのは、少なくとも理論上の形式においてはそれがエコロジカルな思想なのだとマルクスを理解し、マルクスに立脚しつつも、マルクス自身が軽視した時代超越的な普遍的実践も併せて重視していくということだろう。

このような環境に対するスタンスは、社会主義入門としての本書の一貫した視座の環境問題への応用である。

本書ではマルクスを中心に据えて社会主義の理論的可能性を模索し提示したが、それは何か「マルクス絶対主義」のようなものを提起することではない。マルクスに立脚しつつも、あくまで是々非々でマルクスを利用して社会主義の今後を展望しようとするのが本書の一貫した視座であり、前提だった。こうした取り組みがどれだけ意義があるのか、その判断は読者に委ねたい。

あとがき

本書は基本的に書き下ろしだが、８章の付論のみ旧稿の再録である（「毛沢東の矛盾論について」、『東京電機大学総合文化研究』第12号、２０１４年）。大学の紀要に載せた研究ノートのため直接引用が多く、文章がやや生硬なので他の章と比べて幾分読みづらいと思うが、毛沢東を知ることは中国を知ることにもなるので、飛ばさずに読んで貰えると嬉しい。

執筆開始時から、長年お世話になっている株式会社ブリタニアのホームページ（britannia.co.jp）にコラム「社会主義入門」として連載を始め、「レーニンからスターリンへ」の章まで掲載した。本書が出版されるため、残章のＨＰへの掲載は打ち切りとなる。

先頃（２０２３年９月）、晶文社より出版した『マルクスの名言力：パンチラインで読むマルクス入門』を含む複数の著書と同時進行で執筆したため時間がかかってしまったが、何とか出版にまで漕ぎ着けられて安堵している。

当初は、他に「社会民主主義の展開」と「キューバ及び第三世界社会主義をどう見るか」という章も予定していたが、いくつかの理由で割愛した。一つは、マルクスの章が極端に長くなったため、本全体の分量が入門書としては厚くなり過ぎてしまうからである。加えて、これらのテーマに関しては、通り一辺倒な解説しかできず、独自の内容での理論展開ができそうもなかったからである。それでも、どうしても必要なら欠かすことはできないが、これらの章がなくても本書の基本的なメッセージは十分に伝わるはずである。この点、逆に最終章は、本書の全体を通して環境問題の重要性を示唆していることもあって、こちらもなくてもいいかと思ったものの、始めのほうで環境問題と社会主義についてまとめて論じると予告していたし、社会主義に限らず環境との関係はやはり何といっても重要な問題ではあるので、そのまま予定通りに残すことにした。

言うまでもなく社会主義は広くて深いテーマである。その入門書を浅学菲才の身が一人で書くのはそもそも無理がある。本書はマルクスを視座として、あくまでマルクスから見た社会主義入門だと予め射程を絞ることによって何とか体裁を保つことができたが、それでも不足が多々あることは自覚している。マルクス主義の文脈に限定するにしても、やはりまだ論じるべき問題は多い。特にフェミニズムや日本社会主義思想史といったテーマは、本書のような限定された問題設定の本であっても必要だったろう。しかしこれらのテーマはそれ自体が広範で、扱うとしたらそれぞれが少なくともマルクス章以上の長大さにならざるを得ないし、実際問題としてそうした章をきちんと執筆できるまでに研究が進んでいないこともあって、当初から本書には含めないことにしていた。こうしたテーマを期待した読者には申し訳ないが、今後の課題とさせていただきたい。

本文中にも度々指示している通りに、本書は私のこれまでの著書での議論を前提にしている。もちろん入門書として、本書だけ読んでも理解できるように執筆したつもりだが、それでも説明不足と思われるところや理解し難いような箇所があったら、参照していただけると幸いである。特に本書執筆開始時の少し前に出版した『99％のためのマルクス入門』（晶文社、2021年）は本書と密接に関連し、本書での内容の欠落を補う位置付けになるので、併読されんことを期待したい。

なお、事務局長として長年に渡って社会主義理論学会を中心的に運営してきたが、本書は社会主義理論学会の社会主義観を代表するものではない。あくまで私個人の考えである。そもそも社会主義理論学会は特定の政党や政治勢力を代弁する政治団体でも思想運動集団でもなく、純然たる学術研究団体である。従って社会主義理論学会としての統一的な社会主義理論の類はないのだが、よく誤解されることがあるので一筆しておきたい。

最後に、本書の出版を快諾された岡林信一あけび書房社長に感謝申し上げる。

田上 孝一（たがみ・こうさい）

1967年東京生まれ。社会主義理論学会事務局長、立正大学人文科学研究所研究員、日本文藝家協会会員。哲学・倫理学専攻。1989年法政大学文学部哲学科卒業、1991年立正大学大学院文学研究科哲学専攻修士課程修了、2000年博士（文学）。著書に『マルクス疎外論の視座』（本の泉社）、『マルクス哲学入門』（社会評論社）、『本当にわかる倫理学』（日本実業出版社）、『はじめての動物倫理学』（集英社新書）、『マルクスの名言力：パンチラインで読むマルクス入門』（晶文社）、『原子論の可能性：近現代哲学における古代的思惟の反響』（共編著、法政大学出版局）などがある。

これからの社会主義入門
環境の世紀における批判的マルクス主義

2023年12月8日　初版1刷発行
著　者— 田上孝一
発行者— 岡林信一
発行所— あけび書房株式会社
〒167-0054　東京都杉並区松庵 3-39-13-103
☎ 03. 5888. 4142　FAX 03. 5888. 4448
info@akebishobo.com　https://akebishobo.com

印刷・製本／モリモト印刷
ISBN978-4-87154-248-7　c3031